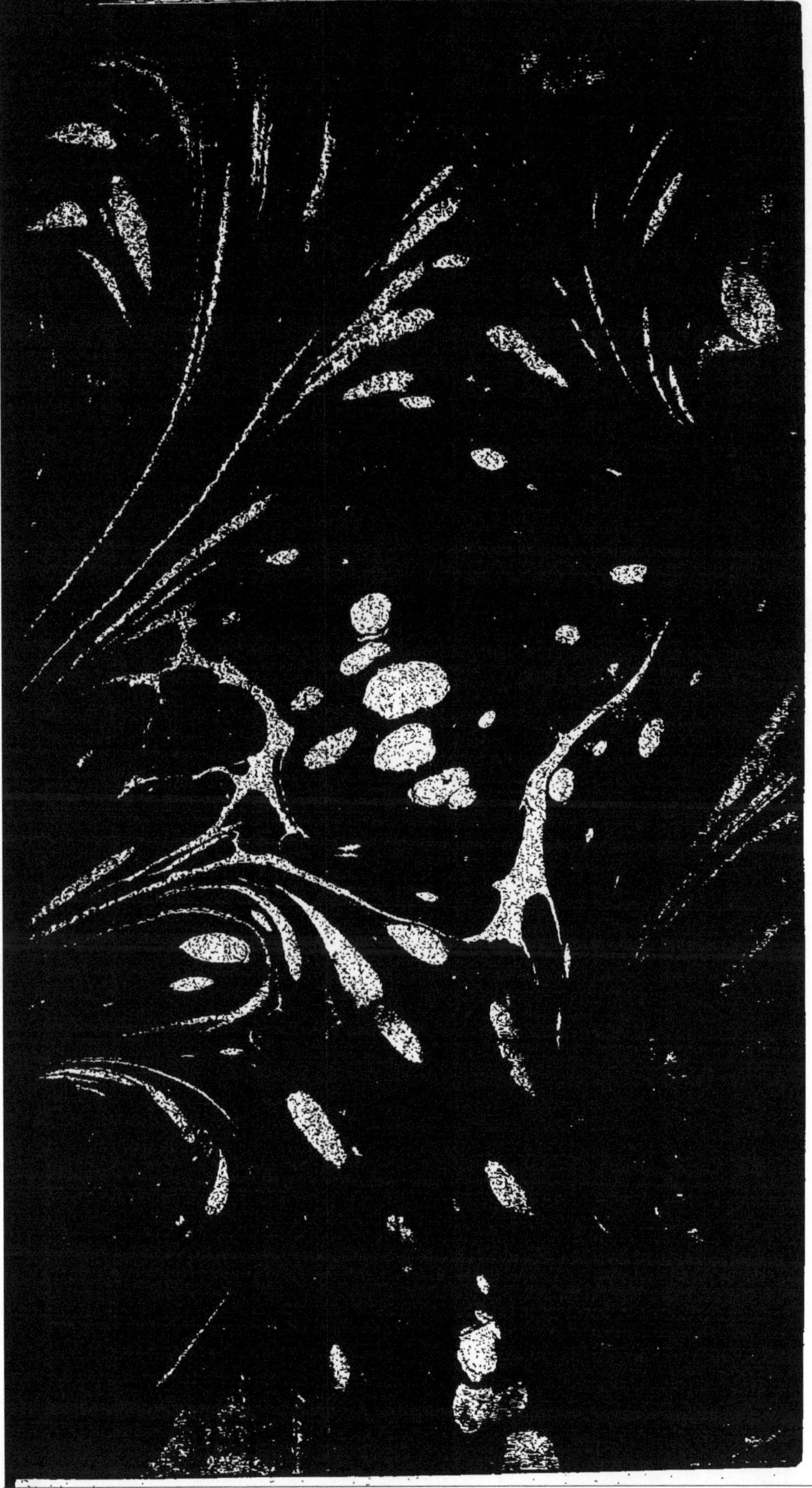

LES VIES

DES

FEMMES ILLUSTRES

DE LA FRANCE.

Soutenez vos droits au bon sens, & montrez aux Hommes que la raison n'est pas faite pour eux seuls.

Tiré d'une Piéce de vers Anglois.

TOME PREMIER.

prix, 40 sols le Volume, broché.

A PARIS,

Chez
{
DUCHESNE, Libraire, rue S. Jacques, au-dessous de la Fontaine S. Benoît, au Temple du Goût.

MOREL le jeune, Libraire, au Grand Cyrus, Grand'Sale du Palais.

L'Auteur, rue de Grenelle-Saint-Honoré, chez Monsieur Cumené, Boursier.
}

M. DCC. LXII.

Avec Approbation & Privilége du Roi.

PRÉFACE
Ou Discours Préliminaire.

COMME il y en a qui ne font attentifs à ce qui paroît de nouveau que pour faifir l'occafion d'exercer leur génie cauftique , c'eft une efpéce de néceffité de commencer avant tout à leur répondre, ce qui n'eft pas pour eux d'une grande utilité ; car ces Cenfeurs veulent que leur jugement foit fans appel. Je m'attends que le titre feul de l'Ouvrage en va faire éc ore ; car, dirontils , la femme de bonne réputation eft celle dont on ne parle point. Thucidide l'avoit dit longtemps avant eux , & je fuis de fon fentiment ; mais pour que l'on convienne, qu'il feroit à fouhaiter pour le bonheur du genre humain , que l'homme de bonne réputation fût celui dont on ne parleroit point. Mais qu'est-ce qu'un Guerrier dont on ne diroit mot ? Ce seroit un homme qui en auroit les talens, & qu'on ne connoîtroit point, parce qu'un Etat toujours en paix n'auroit pas besoin de ses services. Qu'il y ait des Juges, & qu'on ne parle point d'eux, ce seroit une preuve qu'il n'y auroit point de démêlés entre les Citoyens : qu'il y ait des Moines, sans qu'on s'en apperçoive, c'est qu'ils seroient renfermés dans leur cloître, ainsi du reste. Qu'on y réfléchisse, on se convaincra, sans peine qu'il seroit à souhaiter pour le bonheur de la société qu'on ne s'apperçût point qu'il y a des hommes, des femmes sur la terre, & que ce tout ne fît qu'un ; mais en attendant que cela soit, il faut que les choses aillent leur train ordinaire & s'accoutumer à le suivre. Dépouillons-nous des préjugés qui ne font pas honneur à un être raifonnable. Si nous étions dans un de ces pays, où un nouveau Defcartes eût fait un authomate d'une femme, l'on ne devroit pas être furpris de l'efclavage , de l'efpéce d'aviliffement où nous voulons en général mettre le beau sèxe. Ne le regardant, ainfi que les bêtes, que deftiné à fatisfaire nos caprices, il ne feroit pas étonnant de le voir traité de même. Partout & en tout temps, le plus fort eft l'oppreffeur & le tyran du plus foible. Mais eft-il croyable qu'étant dans des fentimens fi oppofés , nos maximes foient cependant fi conformes à ce fyftême ? Quelle raifon peut donc nous y porter ? Examinons la nature des deux sèxes. Quel avantage réel a l'un fur l'autre ? Quelle qualité a - t'il dont l'autre foit privé ? En eft-il une feule qui ne

convienne à tous les deux ? Une
Femme de nos jours & de bon fens
dit : » les Hommes ne font que ce
» que nous les avons faits, & s'ils
» ont pris de la fupériorité, c'eft
» que nous avons bien voulu la leur
» laiffer prendre. Je ne fçais fi mon
» cœur me trompe, mais il me dit
» qu'ils n'étoient pas deftinés à
» nous impofer la foi, & l'expé-
» rience m'apprend qu'ils l'auroient
» peut-être reçue, fi les Femmes
» d'autrefois avoient eu autant de
» fermeté & de réfolution qu'il y
» en a dans la plûpart de celles d'à
» préfent. « Ah ! c'eft une Femme,
dira-t'on, qui défend la caufe. Tour-
nez la phrafe, appliquez-vous-la ;
voilà donc la caufe indécife. Ne
foyons pas tyrans ; fongeons pour un
moment que nous n'avons aucun
intérêt dans la caufe, comment ju-
gerions-nous ? L'exemple de chaque

particulier me dira que femme ou homme, il a une ame, un cœur, de l'esprit, du jugement, de l'entendement, des sentimens, une imagination, des idées, tels que si on pouvoit confondre tout cela & l'exposer en public, que le plus habile, le plus fin, le plus prévenu en faveur du sèxe masculin, prendroit souvent en partage le jugement, le bon sens d'une femme, comme ce qu'il y auroit de meilleur : qu'il ne faut donc point chercher à rabaisser un être avec qui nous avons tant de ressemblance, qui peut acquérir les mêmes connoissances. . . . Cherchons une différence : si malgré notre jalousie, notre ambition, le désir de perpétuer notre injustice, nous ne pouvons en assigner une, pourquoi donc s'appliquer à humilier celles qui sont destinées à partager notre bonheur ou notre malheur ?

Pourquoi les tenir dans l'éloignement de tout ce qui peut les éclairer, leur inspirer des sentimens tels que nous les désirons, leur élever l'ame? Pourquoi nourrir un préjugé si funeste à nous - même ? Demandons à M. R. qui veut mettre les Femmes, pour ainsi dire, dans la classe des animaux domestiques, & qui veut qu'elles ne sçachent que manier le fuseau, l'éguille, lui apprêter à manger, si pour épouse ou maîtresse il s'est contenté d'une pareille, & si l'ignorance a été un droit de plus, pour qu'une femme puisse prétendre à son cœur ? Mais il n'en a point pour elle, dira t'on, soit. Mais qui n'a pas une mere, des sœurs, des parentes ? Vous êtes né pour partager votre temps avec quelques-unes d'elles : si vous leur dites qu'il faut cultiver leur esprit, leurs talens, pourquoi exhorter cel-

les des autres à se renfermer dans la
sphère où je mettrois les villageoi-
ses ? Si vous répétez à vos proches,
vos sentences triviales sorties du
cerveau de quelque fol d'un grand
nom ; en étouffant en elle tous les
talens de la nature, en feront-elles
plus propres à vous consoler dans
vos peines, à partager vos malheurs?
Seront-elles moins oisives, donne-
ront-elles moins dans les travers où
la nature les entraîne, & auxquels
vous les exposez ? La sève corrompue qu'elles tiennent d'Adam, se
séchera-t'elle ? Celles qui vous ont
donné le jour, qui se sont sacrifiées,
pour vous le conserver, seront-elles
plus ardentes à vous rendre la vie
moins amère qu'elle n'a été pour
elles ? En leur inspirant des maximes
de tyran, en serez - vous plus heureux ? Vos filles feront - elles plus
empressées à vous secourir dans la

maladie, dans la vieilleſſe & dans les
infortunes dont votre prétendue ſu-
périorité ne vous diſpenſe pas ? car
au contraire, viſitez les priſons, les
hôpitaux & tous ces lieux où la mi-
ſere humaine s'offre dans toutes ſes
horreurs, y trouverez-vous moins
d'Hommes que de Femmes ? Dé-
poſez pour un moment votre vanité, votre amour-propre ; voyez qui
des deux eſt le plus empreſſé à y porter des ſecours : malgré vous, vous
confeſſerez que ce ſont celles contre
qui vous vous déchaînez tant & ſi.
violemment. Que ne pourriez-vous
donc pas eſpérer d'elles, ſi moins
injuſte à leur égard, vous leur aviez
donné cette éducation précieuſe,
qui ſeule peut améliorer l'eſprit,
faire éclore, valoir les talens ; qui
ſeule peut leur apprendre leurs véritables devoirs, les préſervatifs contre les vices, & leur ſervir de rem-

part contre les malheurs ! Ne peu-
vent-elles pas vous dire, en se montrant au-dessus de vous dans l'adver-
sité, quoique sans force de corps,
sans étude, sans talens, sans ressources, que vous ne voulez pas faire
valoir leurs avantages , parce que
vous les sentez trop , & que vous
sçavez combien elles en pourroient
profiter ? Vous les traitez de lâches,
de foibles : comparez la fin de Madame Tiquet avec celle du Maréchal de Biron , vous verrez qui des
deux montre le plus de foiblesse, &
sçait le mieux affronter les horreurs
de la mort, lorsqu'ils la voient de
près. Ce sont des ignorantes ; cependant elles vous donnent tous
les jours des leçons ; à vous qui ,
pendant quarante ans , avez pâli sur
les livres. Sans autres lumières que
celle de leur raison , elles vous con-
duisent , vous gouvernent , vous

maîtrisent ; vous qui, quoique mu-
nis de l'autorité publique, ne pouvez vous faire obéir souvent de vos
inférieurs. Elles ne vous enchaînent
qu'avec de la faveur, & vous pouvez moins vous débarrasser que tous
ces hommes qui succombent sous
le poids des fers dont vous les char-
gez.

Elles font molles, efféminées,
fans forces...... Qui montre néanmoins plus de courage dans les fi-
tuations cruelles de la vie ? Rappel-
lez-vous-les ; quelle patience pendant neuf mois pour vous donner
le jour ? & dans les douleurs de l'en-
fantement, qu'elles feules connoif-
fent, quelle réfignation ! & vous,
pour vous expofer à des dangers
que vous ne voyez que de loin, il
faut que l'ambition, la vanité, l'a-
mour-propre, la gloire, la politique, le refpect humain vous y pouf-

sent. Etes-vous dans un lit ? la vûe
d'une lancette vous effraye. Au mot
d'opération, vous frémissez ; la plus
courte vous paroît toujours préfé-
rable. Déposez la vanité , le masque
tombe , le héros s'évanouit , l'homme reste : on voit votre foiblesse
dans tout son jour. Philosophes, il
en faut juger par votre conduite &
non par vos écrits ; car il est encore
bien des Sénéques. Elles sont dissi-
mulées , dites-vous , elles en con-
viendront ; mais vous , malgré l'art,
l'étude , pouvez-vous , ainsi qu'elles ,
cacher , dévorer vos chagrins, quoique vous ayez encore l'avantage
d'être enveloppés dans un tourbil-
lon d'affaires qui vous empêchent
d'y donner toutes vos réflexions.
La douleur a-t'elle fait périr plus de
Femmes que de Généraux déplacés
& de Ministres disgraciés ? L'éducation, l'exemple , la vanité avoient

cependant envoyé au fecours des fentimens naturels, des fentimens étrangers que l'habitude devoit avoir gravés.

L'opinion publique, continuez-vous, les a condamnées à l'ignorance. Sur quel fondement doivent-elles cette fentence? Eft-ce à leur incapacité ou à vos injuftes & capricieux procédés? Sans aller fouiller dans l'antiquité, lifez notre hiftoire, ouvrez les yeux fur ce que vous voyez tous les jours, vous les trouverez capables de tout. Pour faire taire ceux qui difent qu'elles ne fçavent ni méditer, ni approfondir, lifez une lettre de l'Abbé Venuti qui fe trouve dans le recueil des Poëfies de M. Lefranc, vous y trouverez le dénombrement des Femmes Italiennes, illuftres par leurs talens, & ce qui nous paroîtra fingulier, c'eft qu'elles font prefque toutes Géométres. Mais répondez-vous, c'est un de ces phénomènes si rares qu'on en peut rien conclure.

Sous Louis XIV. on trouve huit ou dix femmes à qui l'on peut donner entrée dans la République des Lettres, compofée de milliers d'hommes. Ce n'eft pas ici le lieu d'en faire voir la caufe, quoiqu'elle foit fort fenfible. On ne connoiffoit que dix femmes; mais il y en avoit peut-être mille qui méritoient encore plus d'être connues, & à qui pour cela il n'a peut-être manqué que la vanité des hommes fi curieux de fe faire afficher. Difputons-nous à Madame de Sévigné le rang qu'elle y doit avoir? Cependant qui l'a fait connoître? une efpéce de hafard. A qui doit-elle la gloire de jouir de l'immortalité? au zèle d'un ami: fans lui nous ne fçaurions que le nom de Sévigné, nom qui feroit confondu avec cent mille autres.

Ce qui devroit nous humilier, c'eſt que ſouvent les Femmes, ſi l'on veut, ſe trouvent placées dans le temple de mémoire, en ſe jouant. La Marquiſe de Sévigné a-t'elle écrit un mot qui dût paſſer à la poſtérité ? A-t'elle travaillé un moment pour elle ? Songeoit-elle qu'on reveleroit les ſentimens de ſon cœur ? Elle écrivoit à ſa fille, c'étoit fort naturel ; qui eût penſé qu'on pourroit envier ce tréſor, dans un temps où les circonſtances ne pourroient plus donner un relief à l'ouvrage ? & nous, nous conſumons nos jours pour obtenir un nom qu'à peine on accorde à cinq ſur cent qui y aſpirent. Combien de Femmes ont aujourd'hui le ſort de Madame de Sévigné ? il n'y a que leurs amis qui connoiſſent leur mérite ; mais la poſtérité ne le connoîtra jamais.

voilà ce qui eſt arrivé dans tous les temps. Ces Femmes qui n'ont, dit-on, que le déſir d'occuper d'elles, en mépriſent pourtant, par trop de modeſtie, tous les moyens. Donnons-leur une éducation telle qu'on la donne aux hommes ; excitons leur émulation ; faiſons germer, fructifier leurs talens, & bientôt nous les verrons nos rivales : il ſe trouvera une jeune Deshoulieres pour concourir avec Fontenelle & l'emporter ſur lui. Seroit ce le chagrin d'avoir été vaincu par une fille qui rendit ce grand Homme Philoſophe à leur égard, & qui leur a fait dire que lorſqu'il falloit choiſir une femme, on étoit bien embarraſſé ; & que le meilleur, ſelon lui, étoit de n'en point choiſir ?

Voilà un bien long prélude ; mais du moins qui pourra ne pas déplaire aux Dames. Comme ce n'eſt que

Vie de Deshoulieres.

pour elles que j'écris, & que je ne
donne point la vie de Capitaines,
il n'eſt pas tout-à-fait inutile. C'eſt
un amas de réflexions que j'aurois
pu faire entrer dans le corps de l'Ouvrage, & que je préſente ſous un
ſeul point de vue. Elle pourroit faire penſer que je ne donne que des
panégyriſtes; point du tout, ce n'eſt
point un éloge, ni une ſatyre, mais
c'eſt l'Hiſtoire : je loue celles qui le
méritent. Je les blâme lorſqu'il le
faut. Pour s'en convaincre, il ſuffit
de lire l'article de Catherine de Médicis, femme qui a deux faces : j'aurois choiſi la plus belle, mais je n'aurois point repréſenté fidellement
Catherine. Je n'héſite pas à dire
qu'on ne doit pas plus déſirer de voir
renaître une pareille femme, qu'un
Guiſe, un Coligni. Le nom ſeul de
Deshoulieres, de Brinvilliers, de Millet de Tiquet, fera connoître que je ne

donne point la vie que des Femmes politiques qui se sont mêlées des affaires d'Etat, & que sous le nom d'*Illustres*, je comprends les Femmes sçavantes, vertueuses & scélérates. Il y en a qui se distinguent par des vertus d'éclat ou privées, par leur amour pour les sciences, d'autres que par les crimes. Je les appelle toutes illustres, pour prévenir toute critique, voilà mon dessein. Je ne crois pas qu'il y ait rien d'extraordinaire, puisque sous le nom d'Hommes Illustres, nous mettons Sylla, Cromwel. La raison est qu'il faut un grand courage, de grandes vertus pour parvenir au comble des grands crimes. Toute corrompue que soit la nature humaine, il seroit encore plus difficile de trouver un parfait scélérat, qu'un Titus, un Antonin.

Quelques-uns n'auroient voulu voir dans ce recueil que les femmes qui doivent entrer dans l'Hiſtoire générale. Ce n'eſt point là mon plan, parce que je cherche à faire connoître tous les divers caractères des femmes : ainſi tout caractère ſingulier y aura place, il n'étoit pas poſſible qu'il l'eût dans une Hiſtoire générale ; car quoique j'en aie com-poſé une, la plus favorable pour cela, (1) cependant j'ai vu aiſément

---

(1) Dictionnaire général de l'Hiſtoire de France, qui comprend les évenemens re-marquables, depuis l'établiſſement de la Mo-narchie Françoiſe dans les Gaules juſqu'à la fin du regne de Louis le Grand, ou plutôt juſqu'à l'an 1666, ne parlant point de ceux qui n'ont pas paru avant ce temps. Les batailles, les combats, les ſiéges, les traités, les aſſemblées de l'Etat. La diviſion des différens Gouverne-mens, leur origine, & le temps de leur réu-nion à la Monarchie. L'Hiſtoire des Rois, des Reines, des Enfans légitimes & naturels de France, des Hommes & Femmes Illuſtres, des Maires du Palais, des Sénéchaux, des Conné-tables, des Miniſtres, des Chanceliers, des Maréchaux de France, &c. les révolutions de la Monarchie avec des diſſertations ſur divers

que la plus grande partie n'y pouvoit tenir rang ; parce que pour l'a-
voir, il faut avoir joué un rôle fur
le grand théâtre de l'Univers. En ce
cas, le nombre des femmes eft très-
petit, & lorfqu'on les y voit, on
peut dire qu'elles ne font pas plus
dans leur place, qu'une femme ver-
tueufe qui monteroit fur un théâtre
ordinaire. Ce font des femmes, fi
l'on veut, fouvent à admirer ; mais
il en eft bien peu qui foient nées
pour les imiter, ainfi il faut donc
donner d'autres modèles. Il eft vrai
qu'il n'eft pas toujours facile d'en
trouver, parce que nous négligeons
trop l'Hiftoire particuliere : nous
fuivons un Général à l'armée, une

---

fujets de l'Hiftoire de France, des remarques
critiques fur les médailles, les actes, chartres
& monumens, &c. & le Tableau Chronologique des Papes, & de tous les Souverains contemporains à nos Rois.

Cet ouvrage fait, va paroître inceffamment.

Reine au conseil, mais non pas dans leur domestique : cessent - ils de se montrer au grand jour ? Ne pratiquent ils plus que les vertus civiles? Voilà un vuide dans leur vie , on n'entre plus dans le détail de leurs actions ; dès qu'elles sont trop ordinaires , on n'y fait plus attention. On ne s'en appercevra que trop dans ces vies. Les actions d'une Catherine de Médicis n'ont point échappé à la curiosité publique , & l'on ne sçait rien de ces Reines & Femmes pacifiques , dont tous les jours étoient marquées par des bienfaits. On est inquiet de sçavoir comment on peut ruiner des villes, tuer des hommes, & l'on ne cherche point à s'instruire comment on peut les rendre heureux. On n'est curieux d'apprendre que ce qu'on ne peut imiter. En me proposant de donner une suite des Vies des Femmes Il-

luftres , je me propofe de donner
l'hiftoire du cœur, de faire remarquer ce particulier dans lequel on
ne s'étudie point, qui trahit le fé-
cret des inclinations, & qui, marquant le caractère, fait connoître fi
on eft digne de blâme & d'eftime.
Dans le public on eft toujours fur
fes gardes, & l'on cherche à paroître ce qu'on n'eft point. Je m'y fuis
fur-tout attaché dans les vies de celles qui tâchoient de les dérober au
public. Comme plufieurs font in-
grates, faute de mémoire, je n'ai
pas cru devoir m'étendre en rapportant les actions de leurs maris.
Je n'ai travaillé qu'à être concis, &
à préfenter fous les yeux bien des
tableaux, fans fatiguer les yeux & la
bourfe. Je n'ai pas affez d'amour
propre pour vouloir qu'on ne life
que mon Ouvrage, quoique je le
deftine particulierement pour les

Dames, comme on deftine celle des
Capitaines pour les Guerriers ; il y
en a mille autres qu'il faut lire : ces
Vies font pour faire connoître les
Femmes Illuftres de la France, mais
non pour qu'on ne s'occupe que
d'elles, & par conféquent que de
l'Auteur. J'euffe pû, fans peine, les
pouffer jufqu'à cinquante volumes ;
car il n'y a aucun volume qui ne
m'en eût produit dix. Il n'eût s'agit
que de paraphrafer, de dire tout ce
qui a rapport à leur Hiftoire, de ra-
conter tout ce qui s'eft paffé pendant leur vie ; alors on amplifie fans
peine. Dans la Vie de la Ducheffe
de Montmorenci, n'eus-je pas pu
faire entrer celle du Connétable fon
mari ? L'ufage m'y eût autorifé, &
j'eus pû m'excufer, en difant, cela
donne des éclairciffemens, & cela
apprend toujours quelque chofe ;
mais, comme je penfe que quand
on

on ouvre une Histoire de France, ce
n'est point pour y chercher celle
d'Espagne, d'Angleterre, & qu'on
s'inquiéte peu que l'Ecrivain la sça-
che ou l'ignore, je me suis borné à
mon but. Je ne donne que la Vie
des Femmes, & non celles de leurs
maris, quoique je l'eusse pû sans
peine, puisque les frais sont faits.
Ne songeant pas au profit du pape-
tier, je ne les multiplie pas. Néanmoins dans bien des occasions j'ai
cru qu'il étoit nécessaire de faire
connoître le caractère du mari. Celui du Duc de Mazarin doit entrer
nécessairement dans la Vie de la Duchesse de Mazarin, pour qu'on puisse la juger ; car, comme elle disoit
elle-même, il ne s'agit pas de sçavoir si une femme doit quitter son
mari, je sçais fort bien que non ;
mais il n'y a qu'une peinture fort
vive des irrégularités du mari qui

puiſſe juſtifier une femme dans le
public. Je n'ai point abuſé de ce
droit, & ce n'eſt que dans de pareilles circonſtances que j'en ai uſé
ce qui étoit une loi. Dans chaque
Vie j'ai tâché de ne dire que ce qui
y a un rapport particulier, & ſur-
tout de ne me point répéter, ce qui
cût été impoſſible, ſi j'euſſe donné à
chaque Vie toute l'étendue qu'elle
peut avoir. Rien n'eſt ſi ennuyant
que de voir toujours les mêmes
faits. Un Ecrivain fait à peu près,
quand il ſuit un pareil plan, comme
un Acteur qui, pour dire ſon rôle,
répéteroit toute la piéce. Qu'il ne
joue que ſon rôle, il plaira, on verra par ce moyen dix Acteurs conſé-
cutivement, & toujours avec plaiſir; on ne pouroit en entendre un
ſecond qui voudroit encore dire
toute la piéce. D'ailleurs il y en a
tant à qui l'on peut donner place,

qu'il faut toujours en réserver. Il faut, il me semble, faire comme un homme qui voudroit placer tous leurs portraits dans son cabinet, il n'iroit pas choisir ceux qui auroient douze pieds de haut, parce qu'il en verroit bientôt l'embarras. Quand on forme un pareil plan, c'est un devoir d'être concis, parce que ce qu'on ne trouve dans un article, on le trouve dans un autre; on ne cherche point dans de pareils ouvrages l'Histoire générale, mais seulement l'Histoire d'un particulier. Tout ce qui est étranger, est inutile. Un ouvrier qui travaille à la toise, étend son ouvrage le plus qu'il peut, c'est à son profit; mais un Ecrivain doit penser différemment. Ce n'est pas parce qu'il a donné vingt volumes qu'on juge du mérite de l'ouvrage; un seul souvent lui eût fait plus d'honneur. Le public n'attend pas le nombre ni la quantité, il trouve, je crois, fort mauvais qu'on le mette dans la néceffité de ne placer dans fa bibliothéque que des livres qui font nombre ; on commence par ne donner que deux volumes ; on court après, parce qu'on voit que l'Auteur promet beaucoup, & qu'il fuit fcrupuleufement fon plan ; cela l'aveugle, il commence dans les deux autres à étendre un peu fa matière pour pouvoir long temps amufer le Public ; enfuite il y fait entrer des caufes étrangeres à fon fujet ; on croit que c'eft par abfence d'efprit. Il continue toujours fur ce pied là, parce que la matiere lui manque : il arrive que bientôt il n'y a plus que le titre de ces volumes qui conviennent avec les précédens ; on en a fix, il faut bien en acheter les deux fuivans & les autres pour completter l'ouvrage. On dit à ceux qui nous reprochent de ne plus donner que des rapſaudies , qu'ils aillent chez le Libraire, & qu'ils verront ſi la vente a été interrompue ; mais ils ne ſongent pas que le débit, en pareil cas, ne donne aucun mérite à l'ouvrage, ni ne prouve rien en ſa faveur , parce que de mille perſonnes, huit cens n'ont acheté la ſuite que pour que leur bibliothéque ne ſoit pas déparée par des ouvrages imparfaits , & pour que les premiers volumes conſervent leur prix. D'ailleurs on a toujours eſpérance que l'Auteur reviendra à ſon plan ; mais point du tout, il n'avoit que de quoi donner dix volumes , & il veut les pouſſer juſqu'à trente. Il veut qu'on ne voie que lui dans une bibliothéque , ſans ſonger qu'à l'homme le plus riche, il manque encore des livres , & qu'il lui en manquera toujours & très-préférables à ceux qu'on lui fait tous les jours acheter. Au reste, chacun trouve des Approbateurs & des Cenſeurs ; il en eſt qui, dans la vie de Catherine de Médicis, vou-droient trouver toute l'Hiſtoire des regnes de François I, de Henri II, de François II, de Charles IX, de Henri III, parce qu'elle a vécu ſous eux ; trouver l'Hiſtoire de Louis XIV. entiere dans la Vie du Grand Condé ou de M. de Turenne, parce que tout, dit-on, y a rapport, ou donne des éclairciſſemens ; mais ſi ceux qui donneront la Vie de cinq cens hommes Illuſtres ſuivent ce même plan ou veulent ſur chaque ſujet s'épuiſer, il faudra pour lire l'Hiſtoire du regne de Louis le Grand avoir trois mille volumes. Deux cens Capitaines ſe ſont trouvés à une même bataille, il en donnera donc deux cens relations. Ceux qui

voudront les mettre à l'alambic ren-
dront sûrement un grand service.
Au reste, comme j'ai déjà dit, chacun trouve des Cenſeurs & des Approbateurs ; cependant il me ſemble
avoir preſſenti le goût du Public, en
renfermant dans ſept ou huit volumes la Vie d'une centaine de Femmes Illuſtres, & en lui mettant dans
un ſeul un peu gros, à la vérité, tout
ce qu'on peut déſirer ſur l'Hiſtoire
de France. C'eſt une Hiſtoire générale qui contient toutes les Hiſtoires
particulieres de ceux dont les actions forment la matiere de l'Hiſtoire générale. Les Vies de Catherine
de Médicis, la Ducheſſe de Beaufort, qui doivent y entrer, pourront
donner une idée du reſte de l'ouvrage qui n'eſt point en idée, mais
qui eſt fait. Mais avant, j'ai voulu
preſſentir le goût du Public, auquel
on doit ſe conformer ; c'eſt une loi.
Il eſt vrai que ce Public n'eſt pas ce

qu'on entend par ce mot ordinairement. Si celui-ci plaifoit aux Dames, je dirois que j'ai réuffi au gré du Public, parce qu'il n'eft que pour elles; de même que lorfqu'on écrit fur l'art militaire, on n'envie que le fuffrage des gens de l'art.

Je ne me fuis point affujetti à l'ordre chronologique : la Ducheffe de Valentinois a vécu avant la Ducheffe de Retz, cependant je ne parle d'elle qu'après, ainfi des autres, parce que j'ai cherché à diverfifier les fujets dans chaque volume, je préfente différens caractères. A la fuite d'une Femme guerriere, je mets une Sçavante; enfuite une Femme illuftre que par des vertus; une autre que par des crimes, &c. Ces divers contraftes frapperont davantage, & feront mieux connoître ce dont le cœur eft capable, lorfqu'il fe livre à fes déréglemens, & ce qu'on doit louer ou blâmer.

LES VIES
DES
FEMMES ILLUSTRES.

JEANNE D'ARCQ
OU DU LYS,
PUCELLE D'ORLÉANS.

'AI déjà prévenu que je ne me V. Préface. propose point de donner ni des satyres, ni des panégyriques. L'Histoire de la Pucelle d'Orléans suffira seule pour en convaincre. Je n'irai point avec les Anglois la représenter comme une folle, comme une magicienne, &c. ni avec certains François la faire converser avec saint Michel, sainte Catherine, & à chaque instant la représenter comme une fille inspirée, & qui n'a rien entrepris que par l'inspiration divine. Je raconte en Historien sa vie,

Tome I. A

ainfi je ne rapporte que des faits auten-
tiques, & je conclus que telle que fut
là Pucelle, Charles VII. lui eut les plus
grandes obligations, que la France doit
regarder le fecours qu'elle lui donna
comme une finguliere protection de la
providence ; car rien n'arrive fans fa per-
miffion, & c'eft toujours un effet particulier de fa bonté, quand elle nous
donne un Roi tel qu'on peut le défirer
pour faire le bonheur des Peuples,
quoique ce foit là une fuite de la loi
générale, felon laquelle Dieu gouverne
le monde. Ce feroit être bien ingrat de
ne fonger à le remercier que des évenemens extraordinaires : quoi ! parce qu'un
homme nous combleroit de biens journellement, il faudra lui avoir moins
d'obligation, qu'à cet avare où cet homme intraitable qui, une fois dans la vie
par un effet extraordinaire, aura fait un
acte de générofité. Jeanne d'Arck fut
une fille extraordinaire, cela n'eft point

douteux; mais ne faisons point attention à son sèxe, parce que le préjugé
veut qu'il ne montre de l'héroïsme que
dans le domestique; ses actions ne se-
ront pas plus merveilleuses que celle du
Comte de Dunois; mais les unes méritent d'être louées comme celles des autres, & même celles de la Pucelle méritent de l'être davantage, puisqu'elles
l'ont élevée au-dessus de son sèxe. Elle
eut des foibles; qui n'en a pas? Ne nous
aveuglons point, & ne voulons pas que
tout soit vertu. Il est inutile de se dé-
chaîner contre les Anglois. La postérité
les a condamnés; son jugement est sans
appel. Elle les a flétris plus que nous le
pourrions faire par un torrent d'invecti-
ves. En pareille occasion il faut être ré-
servé, & jamais n'épuiser la matière. Si
je suivois ce plan, je tomberois sûrement dans le cas d'un Écrivain de nos
jours, qui, fort curieux de multiplier
les livres, & qui ne cherchoit sans doute

qu'à faire un volume à quelque prix que
ce fût, dit pour refuter Rapin-Thoiras
qui demande pourquoi Dieu en donnant
une miſſion particuliere à laPucelle, au-
roit-il favoriſé les .François plûtôt que
les Anglois? Que c'étoit parce que la
France a l'avantage ſur l'Angleterre d'a-
voir perſévéré dans ſa Religion ; comment un Avocat qui doit avoir péſé les
termes, peut-il avoir donné une pareille réponſe ? J'aurois mieux aimé me
taire ; car il eſt abſurde de dire que Dieu
ait voulu punir l'Anglois d'un crime qui
ne devoit ſe commettre que plus de cent
ans après ; ſur-tout en ſongeant qu'aucun royaume juſqu'alors n'avoit témoigné plus de zèle pour la Religion. Cela
n'eſt point étrange à mon ſujet, parce
qu'il eſt fort difficile à traiter, & qu'il
faut ſe mettre au-deſſus de certains
préjugés, ce qui eſt s'expoſer aux coups
de ces gens qu'un faux zèle aveugle &
qui dénués de lumières , ſont toujours

prêt à dire ou que Dieu, ou que le Diable eût part aux actions de la Pucelle.

Jeanne nâquit en 1412, elle eut pour pere Jacques d'Arc, pour mere Iſabelle Romé, habitans de Domremi, hameau de la Paroiſſe de Gréaux ſur la Meuſe, proche de Veaucouleur. Elle eut une éducation telle qu'en ont les enfans de la campagne. Si je donnois un Roman, je la ſuivrois depuis le moment qu'elle ſortit du berceau, & je ſçaurois ſuppléer à ce qu'on ignore; mais donnant une Hiſtoire, je dirai qu'on ne ſçait rien de ſa jeuneſſe; parce que Jeanne n'étoit point deſtinée par ſon état à jouer le rôle qu'elle fit dans la ſuite. Ceux qui ont voulu ne rien taire ſur ſon ſujet, diſent que pendant ſa premiere jeuneſſe elle aimoit à ſe retirer dans un bois, appellé le Bois-chenu, qu'on l'y voyoit au pied d'un chêne nommé l'arbre fée, ou au bord d'une fontaine qui portoit le nom des arbres : les uns ont dit que c'étoit-là qu'elle fit apprentiſſage de magie ; d'autres qu'elle s'y exerçoit à la vertu. Pour moi je dirai avec plus de fondement, que Jeanne étudiant ſon caractère, comprit aiſément qu'elle n'étoit point née pour être renfermée dans un village. Elle étoit fort belle : les exercices de la campagne ne firent que fortifier ſa beauté, & lui donner ces graces, ces charmes naturels qu'on ne trouve que dans les filles de ſon état. Elle quitta fort jeune ſes parens, & fut, on peut dire, tenter fortune ; voilà l'époque où on peut ſe fixer. Comme elle fut toujours très-ſage, elle ne la chercha que par des voies honnêtes, elle réſolut de ſervir, ayant vu peut-être quelques compagnes s'élever par-là au-deſſus des autres. Dénuée d'expérience, elle ſe mit ſervante d'hôtellerie, ignorant que ces lieux ſont un gouffre, où la pudeur fait preſque toujours naufrage. Ce qui eût perdu un eſprit d'une autre trempe, fut le ſalut de Jeanne. Quoiqu'elle n'eut que treize à quatorze ans, & que ſes occupations, ſes goûts, ſes ſociétés, ſes liaiſons fuſſent devenues pour elle autant d'objets nouveaux & ſéduiſans, elle n'y contracta que ce qui pouvoit lui être utile. Comme elle avoit dès-lors une fermeté, un courage à toute épreuve, elle prit le ſoin de mener boire les chevaux ; circonſtance à remarquer, parce qu'elle prenoit plaiſir à les monter, les pouſſer, les fatiguer ; elle n'avoit pris ce ſoin que pour faire pour ainſi dire ſon académie. Elle ſe perfectionna tellement que lorſqu'elle parut à l'armée, il n'y avoit point de Gendarme qui mania un cheval avec plus d'adreſſe & mieux qu'elle, ce qui contribua beaucoup à lui attirer des regards d'admiration : outre cela ayant un port noble, un front où la majeſté étoit unie avec la douceur, on ne la voyoit qu'avec reſpect. Je penſe qu'on peut dire que ce fut à cette école qu'elle apprit à ſe for-

mer l'efprit & à s'inftruire des affaires
du Royaume. Il n'y a perfonne qui fa-
che plus de nouvelles qu'un domeftique
d'hôtellerie , lorfqu'il a affez de bon
fens pour y prêter l'oreille , & qu'il eft
affez prudent pour n'y point paroître
faire attention. Je crois que Jeanne en
apprit plus en fervant que dans toutes
les converfations qu'on prétend qu'elle
eût avec St. Louis , St. Michel , St. Ga-
briël , fainte Catherine. Que le Ciel ait
pû la favorifer jufqu'à ce point , c'eft ce
que je ne révoque point en doute ; mais
pour croire que cela foit , le témoignage
d'un Ecrivain tel que Cerifier , Aumô-
nier du Roi , n'eft pas fuffifant. Pendant
que Jeanne fervoit , elle eut un amant ;
elle étoit trop belle pour que perfonne
ne défirât la pofféder. Celui qui fe flattoit de ce bonheur , prit en fa faveur
quelqu'apparence de retour , & fur quelques paroles qu'il interpreta à fon gré ,
il fit affigner Jeanne à l'Officialité de

Toul pour qu'elle eût à l'époufer. Jeanne y comparut, & répondit avec tant de bons fens & de modeftie, qu'on décida fans peine, que la prétention de fon amant n'avoit aucun fondement, & qu'il falloit que Jeanne s'expliquât mieux. Il fit tout ce qu'il put pour arracher un oui qui devoit faire fon bonheur, & qui fait le malheur à tant d'autres ; mais Jeanne occupée de projets bien différens, fut inébranlable. Envain fon amant eût recours à fes parens. Jeanne refta libre de difpofer d'elle. Pour fe débarraffer de fes pourfuites, elle fe retira chez fon pere, & n'y voulut jamais fouffrir les foins d'un homme, qui ne pouvoit l'avoir pour époufe. On peut dire que c'eft pendant cette retraite qu'elle fe difpofa à fa Miffion ; dès lors elle fe regarda comme une fille que le Ciel deftinoit pour arracher la France aux Anglois : il n'eft point douteux que fon imagination n'ait pris des impreffions

A v

d'une dévotion extatique ; car elle avoua dans la suite avoir eu plusieurs visions. Il ne seroit point étonnant qu'elle crut être dans la bonne foi ; son pere à force d'entendre dire à sa fille qu'elle vouloit aller au secours du Roi , fut fort persuadé d'avoir vu, en dormant, des soldats qui emmenoient Jeanne ; songe que Cerisier donne comme une réelle vision, ne voulant pas voir qu'une imagination frapée s'imprime des traces si profondes de ce qu'elle craint ou ce qu'elle veut, que les images s'y gravent avec des traits presqu'inéfaçables.

Jeanne persuadée que le Ciel vouloit se servir de son bras, ayant eu occasion d'aller avec son oncle & sa tante chez Baudricourt , Gouverneur de Vaucouleur, avec qui ils avoient une affaire, lui dit, *Capitaine Meffire , sçachez que Dieu , depuis un temps en ça m'a plusieurs fois fait sçavoir & commandé que j'allasse devant le gentil Dauphin, qui doit être*

& est vrai Roi de France, & qu'il me baillât des Gendarmes, & que je leverois le siége d'Orléans. Baudicourt la regarda comme une folle, & ne lui répondit qu'avec mépris. Longpont, vieux Gentilhomme qu'elle fut trouver, voyant en elle beaucoup de bon sens, ne la rebuta pas si fort: Les affaires de Charles VII. étoient si désesperées, que quoique le bras d'une fille de dix-sept ans ne put être d'un grand secours, il n'étoit pas à mépriser; car il ne pouvoit nuire, & pouvoit causer une révolution favorable. Le Roi n'avoit presque plus qu'Orléans, que les Anglois assiégeoient. La venue d'une jeune fille qu'on pouvoit regarder comme envoyée du Ciel, ne suffisoit-elle pas pour rendre le courage aux Assiégés? Longpont sans doute fit faire ces réflexions au Gouverneur de Vaucouleurs: Jeanne étant revenue quelques jours après, elle le détermina en lui disant, au Nom de Dieu, vous mettez

A vj

trop à m'envoyer , aujourd'hui le gentil
Dauphin a eu aſſez près d'Orléans un
aſſez grand dommage. Baudricourt ayant
bientôt appris que les François avoient
été défaits , en attaquant un convoi de
harangs que conduiſoit le Duc de Betfort ; ſans s'arrêter à ce qu'on penſeroit
de lui , réſolut de l'envoyer au Roi, réduit au point d'avoir un beſoin eſſentiel
d'un ſimple ſoldat. Il lui donna des armes , un cheval qu'elle monta avec tant
d'habileté , que cela ſeul eut ſuffi pour
en impoſer au Peuple. Il lui donna deux
Gentilhommes pour l'eſcorter juſqu'à
Tours , & fit prévenir le Roi. Elle parut
devant lui habillée en guerrier , & le
reconnut au milieu de ſes Courtiſans ,
quoiqu'il fût déguiſé ; ce qui ne ſeroit
pas étonnant , dit le P. Daniel , parce
que la Majeſté d'un Roi imprime toujours un certain reſpect qu'on ne peut
perdre. En effet cela fit connoître Henri
IV. à Marie de Médicis qui , déguiſé , la

voulut voir fouper, pour jouir du plaifir de la voir comme particulier.

Arrivée à Chinon, dès qu'elle eut reconnu le Roi au milieu de fes Courtifans ; elle lui dit, gentil Roi, c'eft à vous que je veux parler. Elle l'affura qu'elle étoit envoyée de Dieu pour le fecourir & pour délivrer Orléans. Après avoir pris les précautions néceffaires pour n'être point duppé, le Roi réfolut de l'envoyer au fecours d'Orléans, & lui fit faire fon équipage de guerre. Pendant ce temps-là, la Reine de Sicile pour être affurée de fa fageffe, la mit entre les mains des Matrones ; ce qui mécontenta fort Jeanne, quoique le témoignage qu'elles rendirent lui valut le nom de la Pucelle, qu'elle a confervé dans l'Hiftoire, & qu'elle a foutenu par une conduite irréprochable. Le Roi la fit paroître en préfence de toute la Cour, armée de pié en cap. Ce nouvel équipage ne l'embarraffa point ; elle portoit fon harnois, & montoit fon cheval avec autant d'adreffe & de facilité, que ceux qui n'avoient point eu d'autres occupations. Elle parla de guerre auffi fçavamment que les plus experts Capitaines : on la fit entrer dans les Confeils de guerre; elle donna des ouvertures pour les expéditions qu'on méditoit, applaudies de chacun. On la conduifit à Blois, où l'armée s'affembloit pour fecourir Orléans. Ses deux freres l'accompagnerent, & on lui donna pour furveillant Dolon, vieux Chevalier, qui ne pouvoit donner aucun ombrage à fa vertu. Je ne puis taire une petite fupercherie, c'eft qu'elle voulut avoir une épée qui étoit depuis plus d'un fiécle dans le tombeau d'un Chevalier qui étoit derriere l'Autel de fainte Catherine de Fierbois. Perfonne ne fçavoit qu'elle y fut, & Jeanne prétendoit ne l'avoir appris que par révélation, & qu'on lui avoit dit que ce ne pouvoit être qu'avec cette épée fatale

qu'elle pouvoit chasser les Anglois. Le
Roi, dit-on, aida à le faire croire ; car
il étoit fort charmé de voir qu'on commençoit à la regarder comme l'Ange tu-
telaire de la France ; ce qui eût pu
nuire à la pieuse fraude, c'est que la
Pucelle cassa l'épée gâtée par la rouille,
dans le premier usage qu'elle en fit contre des femmes de mauvaise vie qui sui-
voient l'armée. On y remédia en disant
qu'elle l'avoit profanée, & qu'elle en
étoit punie. Elle se fit faire une banniere semée de fleurs de lys ; Dieu y étoit
représenté sortant d'un nuage, tenant
un globe à la main ; son casque fut orné
d'un panache blanc ; son cheval fort
haut étoit de la même couleur. Il n'y
avoit aucun Cavalier qui eût si bonne
mine. A dire vrai, si on eût voulu pein-
dre un Chérubin tel qu'on les représen-
te lorsqu'ils viennent au secours des
combattans, on n'eût pu prendre un
plus beau modèle. Elle subjuguoit tous

les cœurs; enforte que fa bonne mine,
fon courage, fa douceur fuffifoient pour
la faire paroître comme extraordinaire.
Elle parut le 29 d'Avril à la vûe d'Orléans avec douze mille hommes : les
Anglois furent fi honteux de voir qu'on
envoyoit une fille les combattre, qu'ils
firent mettre en prifon le Héros d'armes qu'elle leur envoya. Le Comte de
Dunois pour favorifer ce fecours, fortit
de la place avec toutes fes Troupes, &
vint au-devant d'elle. On prétend que
ce Général connoiffant Jeanne, & ayant
trouvé en elle de la valeur, de l'intrépi-
dite, du jugement, fut celui qui la mit
en œuvre pour ranimer le courage des
François, & que fon artifice & la bravoure de cette fille firent tout le mira-
cle. En effet ayant perfuadé les Affiégés
que c'étoit dans elle qu'ils trouveroient
leur falut, ils redoublerent leurs efforts,
& fi à propos, que la Pucelle paffa fur
le ventre des Anglois, & entra avec fon

convoi dans la ville qui , fans cela , eût été obligée de fe rendre. Le falnt non-feulement d'Orléans , mais même de la France dépendit de cette journée : ce fut juftement qu'on reçut la Pucelle comme un Ange libérateur. Toutes les rues furent tendues de tapifferies ; elle entra dans la place la veille de l'Afcenfion , à la lueur des flambeaux. Le lendemain elle fe repofa , & fe prépara à l'attaque du Fort Saint-Loup , qu'elle emporta l'épée à la main , ainfi que le Boulevart-Saint-Jean & celui des Auguftins , après le combat le plus opiniâtre. Ce ne fut qu'à fa conftance qu'on dût cette victoire ; car nous fûmes plufieurs fois repouffés. Six jours après elle fortit avec le Comte de Dunois pour faciliter l'entrée d'un nouveau convoi que Saint-Severe conduifoit ; il entra heureufement. Bientôt après on donna un nouvel affaut pour chaffer les Anglois de leurs Forts , les Ennemis furent auffi mal menés ; mais la Pucelle fut bleſſée au pied d'une chauſſe-trappe, ce qui ne l'empêcha pas d'agir. Les Ennemis dé-concertés, d'autant qu'ils commençoient à manquer de munitions, ne ſongerent plus qu'à ſe maintenir dans le Boulevard & les Tourelles des deux Ponts ; mais leurs efforts furent inutiles. On pointa le canon contre le Boulevard, enſuite on fut à l'aſſaut. Il dura toute la jour-née, & les Anglois ne furent forcés que parce que la poudre & les fléches leur manquerent. Peu s'en fallut qu'on y fît une grande perte. Jeanne reçut dans la gorge un coup de fléche qui allarma fort, parce que le ſang ſortoit à gros bouillons. La Pucelle, pour raſſurer les ſpectateurs, leur dit, c'eſt de la gloire & non du ſang qui coule de cette plaie : elle fut la fai-re bander, auſſitôt revint à l'aſſaut y chercher quelque nouveau coup de fa-veur. Gireſme s'étant rendu maître des Tourelles, cela fit perdre tout eſpoir aux

Anglois ; parce que par-là le chemin pour ravitailler la place, fut libre. Avant de partir, les Anglois vinrent offrir le combat ; mais la Pucelle conseilla de ne point répondre à cette bravade, qui étoit comme les derniers soupirs d'un homme mourant. Le siége fut levé le 8 de Mai. La Pucelle vint en apporter la nouvelle au Roi, & lui dit qu'il falloit maintenant songer à aller à Rheims pour s'y faire sacrer. C'étoit un peu difficile ; car toutes les Places qui y conduisoient étoient entre les mains des Anglois. En la voyant, il n'y eut personne qui n'espéra. Le Roi la reçut avec toutes les marques d'honneur & de reconnoissance qui lui étoient dûes. Telle qu'elle fut, on l'écouta comme un oracle. Les Bourgeois d'Orléans en signe de reconnoissance firent élever sur le pont une croix, au pied de laquelle on représenta Charles VII, & la Pucelle armés de pied en cap. Ce monument se voit encore aujourd'hui.

1429

10 Mai.

Le bon train que nos affaires pre-
noient déterminèrent le Connétable
de Richémont à se déclarer pour le
Roi. La Tremouille, son ennemi particulier, vouloit qu'on quittât le siége
de Beaugenci pour l'aller combattre, la
Pucelle représenta que c'étoit se couper
un bras, qu'il ne falloit songer qu'à le
gagner. On l'envoya au-devant de lui.
Comme le Connétable sçavoit déjà ce
qui s'étoit passé, lorsqu'il vit Jeanne il
lui dit ; » on m'a rapporté que vous vou-
» lez me combattre, je ne sçai qui vous
» êtes, ni de par de qui vous êtes en-
» voyée : si c'est de par de Dieu, je ne
» vous crains point ; car il connoît mon
» intention ainsi que la vôtre. Si vous
» êtes de par le Diable, encore moins,
» & faites du mieux ou du pire que
» vous pourrez. « Elle le rassura, & fut
bientôt après avec lui faire le siége de
Gergeau, qui fut pris ainsi que Meun.
Le Duc de Betfort ramassa ses débris
pour donner un combat qu'il perdit le

28 de Juin à Patai en Beauſſe. La Pucelle, à ſon ordinaire, y fit des merveil-
les. Voici comme l'Anglois parle d'elle,
» Cela eſt arrivé en partie par la con-
» fiance que les Ennemis ont eue en une
» femme, née du limon de l'enfer &
» diſciple de Satan, qu'ils appellent la
» Pucelle, laquelle s'eſt ſervie d'en-
» chantemens & de ſortiléges. « Ses
enchantemens étoient ſa bravoure.
Après ce ſuccès, la Pucelle promit contre toute apparence de mener ſacrer le
Roi à Rheims. La priſe d'Auxerre, de
Troyes, de Châlons, ouvrit le chemin,
& fit ſurmonter toutes les difficultés. Sa
renommée & la confiance qu'on avoit en
elle étoient ſi grandes, que chacun s'em-
preſſoit de ſe ranger ſous ſa banniere.
Rheims ayant ouvert les portes au Roi
dès qu'il parut, il fut ſacré le lendemain.
La Pucelle y aſſiſta en habit de guerre,
& portant l'étendart royal, ſon entrée
dans Rheims avoit été un triomphe.

Elle marchoit devant le Roi, montée sur un cheval superbement harnaché. On n'avoit les yeux attachés que sur elle. Sa bonne mine lui attiroit tous les regards. Lorsque le Roi fut sacré, elle se jetta à ses pieds, pleurant de joie, & lui dit; » enfin gentil Roi, or est exé» cuté le plaisir de Dieu qui vouloit » que vinssiez à Rheims recevoir votre » digne Sacre, en montrant que vous » êtes vrai Roi. « Le Roi lui témoigna sa reconnoissance de la maniere la plus sensible ; car telle qu'elle fût, il lui avoit les plus grandes obligations. Il fit frapper une médaille en son honneur ; d'un côté on voyoit son effigie, & de l'autre une main portant une épée, & pour légende ces mots : *Consilio confirmata Dei*, soutenue par le secours du Ciel.

Le Roi fut de Rheims à Crepi, à Senlis, & après la prise de Saint-Denis & de Lagni, il mit le siége devant Paris;

on força les barrieres de la porte Saint-Honoré : la Pucelle, animée par le suc-cès, voulut tenter de paſſer le foſſé ; mais elle reçut une bleſſure à la cuiſſe qui ne ralentit pas ſon ardeur. Comme elle vouloit continuer d'aller à l'aſſaut, le Duc d'Alençon qui voyoir le ſang qu'elle perdoit, l'enleva & la ramena au quartier malgré elle. Faute de vivres, le Roi fut obligé de lever le ſiége, ce qui fit un grand plaiſir aux jaloux du mérite de notre Héroïne ; car il eut manqué quelque choſe à ſa gloire ſi elle n'en eût pas eu. La Pucelle trop habile pour ne pas s'appercevoir qu'on ne peut être toujours heureux, & que l'envie & la jalouſie ruinent ſouvent les affaires des Princes, voulut ſe retirer ; mais le Comte de Dunois l'en empêcha. Le Roi ne pouvant ſe cacher qu'il lui étoit redevable des prodigieux ſuccès de cette campagne ſi glorieuſe, l'en récompenſa d'une manière propre à perpétuer la mémoire de ſes importans services. Il l'annoblit avec sa famille, c'est-à-dire son pere, sa mere, & ses trois freres & toute leur postérité, tant en ligne masculine que feminine. On leur donna des Armoiries qui ne pouvoient être plus significatives & plus glorieuses; c'est un écu d'azur à deux fleurs de lys d'or, une épée d'argent à la garde dorée, la pointe en haut ferue en une couronne d'or qu'elle soutient. On changea le nom d'Arc en celui de Lys. Le Ville de Domremi où cette fille merveilleuse avoit pris naissance, fut exemptée de toute taille, aides & subsides à perpétuité. Cette Famille subsiste encore en Anjou & en Bretagne; mais le dernier mâle est mort en 1760.

A la Requête du Procureur - Général, on lui a ôté sa plus belle prérogative en 1614. Elle consistoit en ce que les femmes de cette Maison indépendamment de la condition de leur mari, annoblissoient leurs enfants; ce qui fit juftement murmurer , & l'illuftre Rollin a regardé la privation de ce droit comme une chofe qui mérite les regrets d'un bon Citoyen. Peut-être n'a-t'il fallu qu'un motif particulier d'intérêt ou de haine pour en priver cette famille , qui va devenir inconnue par la perte de ce beau droit. Le mot de bien public eft un voile pour couvrir bien des fottifes.

Le temps ne fit qu'augmenter le nombre des envieux ; car quoique tant de braves gens euffent eu leur part aux conquêtes qu'elle avoit faites , la Pucelle fembloit feule en avoir le mérite. Les François lui attribuerent tous leurs fuccès , & les Anglois tous leurs défaftres; Tous les deux l'en vont punir.

Les Anglois affiégeant avec le Duc de Bourgogne Compiegne , la Pucelle s'y rendit avec Poton de Saintrailles le 25 de Mai , foit en s'ouvrant le chemin avec l'épée; foit par furprife. Dès le jour même elle fit une fortie à la tête de fix

1430.

Tome I, B

cens hommes au-delà du pont, & donna fur le quartier de Jean de Luxembourg. Après un affez long combat, où
elle pouffa deux fois l'ennemi jufqu'au
quartier de Bourgogne ; elle fongea à fe
retirer, voyant venir du fecours contre
elle. Se trouvant bientôt inveftie avec
tous fes gens, elle fit des prodiges de
valeur pour fe faire jour ; fes efforts furent heureux pour fa Troupe, elle ren-
tra dans la Ville ; Jeanne demeura à la
queue pour favorifer la retraite, enforte
qu'elle devoit rentrer la derniere ; mais
lorfqu'elle fe préfenta, elle trouva la
porte fermée. Elle fe battit avec un
nouveau courage, ne s'attendant guères
cependant qu'on viendroit à fon fecours;
car en fortant de la place, foit qu'elle
eût vu, entendu quelque chofe, elle
s'étoit écriée : *je fuis trahie.* Se battant
avec fon courage ordinaire, fon cheval
fut renverfé ; enforte qu'elle fe rendit à
Lyonnet, bâtard de Vendôme, qui la

remit à Jean de Luxembourg. Ce Seigneur oubliant son rang, sa naissance &
le respect qu'un guerrier doit à la valeur, la vendit dix mille livres aux Anglois, qui croyoient avoir la fortune de
la France, ayant la Pucelle entre leurs
mains, ce qui est bien glorieux pour
elle. Une chose étonnante, est que les
François ayent eu autant part à la perte
de la Pucelle que les Anglois ; car quoique la trahison du Gouverneur ne soit
pas bien averée, néanmoins il est certain qu'il y eut plus que de la mauvaise
volonté. Ce qui est incompréhensible,
c'est que malgré le chagrin que le Roi
eut de cette prise, il n'ait fait aucune
démarche pour la ravoir : du moins
l'Histoire n'en fait aucune mention. Seroit-ce parce qu'elle n'a pu s'imaginer
qu'on le pensât ? En s'en tenant au-de-
hors, les François ne firent aucune
plainte du traitement qu'on fit à une de
leurs prisonnieres. Ils avoient dans leurs

mains des prifonniers Anglois de la premiere condition, on ne propofa néanmoins aucun échange. Seroit-ce parce
qu'on feroit perfuadé qu'ils ne l'accep-
teroient pas? Du moins la crainte du
droit de repréfailles les eut retenus. Un
Hiftorien, quoique François, ne peut
déguifer l'efpéce d'ingratitude dont on
paya les fervices de Jeanne : dès qu'elle
fut prifonniere, on ne fongea plus à
cette Héroïne. Elle refta dans l'oubli
pendant vingt-quatre ans, Il eft vrai
que les envieux, les jaloux de fon
mérite purent fermer les oreilles du
Prince, & le rendre infenfible aux peines de Jeanne; mais en feroit-il excu-
fable! Ignoroit-il ce que la Pucelle avoit
fait pour lui? Cela nous confirme que
rien ne fe perd fi aifément que le fou-
venir d'un bienfait,

A la nouvelle de la prife de la Pucelle d'Orléans, les Anglois firent des ré-
jouiffances telles qu'ils n'auroient pu

en faire de plus grandes pour la conquête de toute la France, & cela fans
aucun prétexte ; car ils furent obligés
de lever le fiége de Compiegne : mais
le Duc de Betfort, en faifant fonner fi
haut fa prife, croyoit rendre le courage
à fon parti. Il oublioit que c'étoit publier fa honte ; car qu'avoit-il entre les
mains ? Une fille de dix-huit ans. Il confeffoit que c'étoit elle qui l'empêchoit
de triompher des François ; mais, difoient les Anglois, c'eft parce que cette
enforceleufe avoit enchanté les armes
de nos Chevaliers de la Table ronde.
Pour les défenchanter, la Pucelle qui,
d'abord avoit été renfermée dans le château de Beaumanoir, fut conduite à
Rouen pour qu'on lui fît fon procès. Le
Duc de Belfort mit d'abord fa prifonniere
entre les mains de fa femme qui tâcha
d'abord de la faire paffer pour une fille
de débauche, ayant été prife avec un
habit d'homme : d'ailleurs elle la trou

voit trop belle pour croire qu'elle eût
pu vivre au milieu d'une armée, chaste.
Elle se servit du préjugé qu'il ne veut
pas qu'une belle femme soit vertueuse,
parce qu'il y a trop de gens qui font la
guerre à sa vertu. Ne doutant pas d'en
trouver la preuve, elle voulut la chercher, oubliant qu'elle alloit rendre elle-
même sa vertu plus que suspecte ; car
une femme qui ne peut croire qu'une
belle fille soit sage, c'est parce qu'elle
ne connoît point cette vertu : mais ces
yeux la désabuserent. Elle visita elle-
même la Pucelle avec des Matrones, &
malgré leur curiosité maligne & indis-
crette, elles ne purent trouver ce qu'elles cherchoient ; ainsi sur leur témoignage que la vérité arrachoit, elles furent
obligées d'avouer sa sagesse. Ils lui
chercherent d'autres genres de deshon-
neur, & la firent regarder pour magicienne, pour sorciere, pour hérétique,
ressources de l'ignorance, de la malice

& de la superstition. Aussitôt l'Evêque
de Beauvais demanda au jeune Roi
d'Angleterre qui se trouvoit pour lors à
Rouen , qu'elle lui fût livrée pour la
juger , ayant été prise dans son Diocèse,
& étant notoirement suspecte du crime
d'hérésie & de magie. L'Université de
Paris n'eut pas honte de se joindre à lui.
Le siége de Rouen étant vacant , il consentit que l'Evêque de Beauvais fût Juge ; il prit le titre d'Inquisiteur de la
Foi ; Guillaume Stivel fut nommé Promoteur. Ce fut lui qui l'accusa devant
l'Evêque d'être sorcière , devineresse ,
fausse Prophétesse , d'avoir fait pacte
avec les esprits malins , d'avoir troublé
le repos commun avec scandale , d'être
séditieuse , d'avoir oublié la bienséance dûe à son sèxe , & d'être au moins
suspecte d'hérésie. Voilà le sommaire du
procès. Il fut aisé à la Pucelle de se jus-
tifier ; mais cela étoit assez inutile , on
l'avoit condamnée sans l'avoir écoutée,

auſſi ne mit-elle ſa confiance qu'en Dieu. Elle n'ignoroit pas pourtant qu'il veut qu'on s'aide, & qu'il ne faut pas s'attendre qu'un Ange nous viendra délivrer. Elle ſongea à ſe procurer elle-même ſa délivrance. Elle eut le courage de ſauter du haut de la tour de Beaurevoir, où elle étoit enfermée. Une chûte qui devoit la tuer, l'étourdit tellement, qu'elle ne put monter le foſſé. Le bruit qu'elle fit en tombant avertit la ſentinelle ; ainſi elle fut repriſe avant d'être revenue à elle-même. Ce fut un nouveau crime qu'on lui fit, on ne put lui en faire de s'être voulu ſauver, c'étoit fort naturel ; mais on donna à ſon évaſion une nouvelle face, on dit qu'elle avoit voulu ſe tuer ; ainſi on l'accuſa du crime de ſuicide. La Pucelle dans toutes ſes réponſes montra toujours beaucoup de bon ſens, de fermeté & de courage. Elle ne voulut jamais répondre, lorſqu'on lui parla des affaires de la Cour

de France : elle dit qu'elle ne devoit
point d'obéiſſance à ſon Evêque, lorſqu'il lui demandoit des choſes qui in-
téreſſoient les ſécrets de ſon Roi. On l'a
condamna ſur les prétendus crimes ci-
deſſus énoncés à être brûlée vive, ſuivant
les concluſions du Promoteur, & l'avis
des Evêques de Beauvais, de Coutan-
ces & de Liſieux, du Chapitre de Notre-
Dame, de ſeize Licenciés & de onze
Avocats de Rouen qui opinerent à cet
inique jugement. On la livra au bras
ſéculier pour exécuter la ſentence, ce
qui fut le 24 de Mai ; ainſi on fut près
d'un an à lui chercher des crimes. Avant
l'exécution, on l'expoſa ſur un échafaut
aux huées du peuple, après quoi on la
prêcha, on la catéchiſa. Elle dit qu'elle
croyoit tout ce que l'Egliſe croyoit, &
qu'elle ſoumettoit à ſon jugement ſes
apparitions, puiſqu'on diſoit qu'elles
n'étoient pas de Dieu; enſuite on lui fit
quitter ſes habits d'hommes, ce qu'elle

1431

B v

avoit conſtamment refuſé. En attendant ſon dernier jugement on la renferma dans une cage de fer. Elle attendit avec patience ſa derniere heure, s'y prépara en vraie Chrétienne : elle offrit à Dieu ſon ſupplice, en expiation de ſes fautes. Elle vit ſon dernier moment ſans horreur. Elle fut conduite à la place aux veaux pour y être brûlée ; la vûe du bucher, dreſſé ſur un échafaut, ne fit ſur elle aucune impreſſion qui la troubla. Elle marcha d'un pas ferme & aſſuré, monta ſur le bucher avec le même courage qu'elle avoit fait voir lorſqu'elle alloit à l'aſſaut, elle s'y aſſit comme ſur un thrône, & ne dit rien autre choſe que ſes paroles, *Dieu ſoit béni*. Elle fut liée à un poteau, & dans cette triſte ſituation, elle étoit encore un objet d'admiration. Les moins raiſonnables ne pouvoient s'empêcher de ſe dire que ce lieu d'opprobre & d'humiliation alloit devenir le lieu de ſon triomphe. A peine eût-on mis le feu au bucher, qu'elle fut étouffée ; ainsi le feu, en quelque façon, la respecta, & ne lui fit point sentir les effets de sa fureur. Son corps étant réduit en cendres, on les jetta dans la riviere. On me dispensera de rapporter tous les contes qu'une pieuse crédulité a inventés : les uns disent qu'elle s'échappa des mains du boureau, & qu'elle fut remplacée par une autre personne, qu'on brûla pour elle-même : d'autres, qu'on vit sortir du bucher une colombe, ce qui ne pourroit au plus être regardé que comme ces aigles qui sortoient du bucher des Empereurs Romains. Mezerai dit qu'on trouva parmi ses cendres, son cœur tout entier. On a de pareils exemples dans l'Histoire Romaine, & M. Crevier n'a pas craint de dire que cela pouvoit être fort naturel. Sept mois après les Anglois brûlerent une Brétonne qui voulut soutenir la cause de la Pucelle : ils firent ressentir leur fureur à tous ceux

qui la défendirent. Telle que fut la Pucelle , il est certain que sa mort fait
honte aux Anglois , & qu'elle les couvre
d'un crime qui n'est commun qu'à cette
sanguinaire nation ; car quelque couleur de justice qu'ils ayent voulu donner à leur procédé , il n'en a même pas
l'apparence. Jeanne pour eux étoit étrangere , & n'avoit de crime que d'être pri-
sonniere de guerre ; ainsi elle devoit être
traitée comme telle. Il est inoui qu'on
ait jamais condamné juridiquement qui
que ce soit , pour avoir servi son Prince
& combattu par les voies légitimes &
honnêtes , contre ses ennemis. Les crimes prétendus de sortilége , de vision-
naire , d'héréfie , ne font que connoître
la foiblesse des moyens qu'ils employerent pour la condamner ; parce qu'ils
n'avoient ni jurisdiction temporelle , ni
spirituelle sur cette brave fille. Le Promoteur de Rouen , un de ceux qui eut
le plus de part aux procédures , prit des

lettres de garantie , & voulut que les Anglois lui promiffent qu'on le foutien-droit, au cas qu'on voulût dans la fuite l'inquiéter fur ce fujet. Jamais Juge qui a fait fon devoir, a-t'il pris de pareilles précautions ? L'Evêque de Beauvais qui préfida à l'exécution , déclara que cette condamnation étoit le feul effet de la haine des Anglois , lorfque vingt-quatre ans après on revifa le procès. On prouva que la Ducheffe de Betfort l'avoit elle-même vifitée , & que par fon propre témoignage & celui des fages femmes qu'elle choifit, elle fe convainquît in-dubitablement de la fageffe de cette fil-le. Ainfi refteroit donc le crime préten-du d'héréfie , outre qu'on ne pouvoit produire aucun témoins , ni écrits con-tr'elle : elle déclara hautement , en pré-fence de tout le peuple , qu'elle obéif-foit à l'Eglife, & reconnoiffoit le Pape pour le Chef ; ainfi l'injuftice étoit ma-nifefte. Je ne m'arrête pas à réfuter le prétendu crime de fortilége, la poftérité d'ailleurs ne l'a que trop vengée. Son innocence n'eft pas moins avérée que fa valeur & fa fageffe. Au milieu des Troupes, fa conduite fut toujours irréprochable. Les envieux de fon mérite étoient autant de furveillans toujours prêts à dépofer contr'elle, à la moindre occafion qu'elle eût fournie. Comme on craignoit que la poftérité ne jugeât que felon les apparences ou fur la piéce juftificative du Roi d'Angleterre, quoique fort foible en raifons, fa mere en 1454 demanda la revifion du procès, & le Pape Nicolas V. en donna la commiffion à l'Evêque de Paris qui, fans beaucoup de difficulté, trouva les preuves juftificatives, & même qu'elle n'avoit jamais donné lieu au moindre foupçon fur fa foi, fes mœurs & fa conduite. En conféquence, fa mémoire fut folemnellement réhabilitée; on lui érigea en plufieurs endroits des monumens glorieux, entr'autres à Rouen, dans l'endroit même où l'on avoit prétendu la couvrir d'ignominie. Ce lieu devint le théâtre de sa gloire. Le temps l'ayant ruiné, on doit au zèle des Magiſtrats de cette Ville, de l'avoir tout nouvellement remplacée par un qui lui eſt ſupérieur, & d'avoir réuni l'utile à l'agréable.

Plus de cent Auteurs étrangers ont publié les louanges de notre chaſte Héroïne. Les François ſe ſont épuiſés pour orner ſon tombeau de fleurs, & l'ont comparée à Débora, à Judith. Les Lorrains ont envié à la France la gloire de lui avoir donné naiſſance.

AGNÉS SOREL,

Dame de Beauté.

AGNÉS, furnommé la Belle, (1) nâquit au village de Fromenteau, auprès de Loches en Touraine. Sa grande beauté fit tant parler la renommée d'elle, que Charles VII. voulut voir par lui-même fi elle ne la flattoit point. Comme il n'eft pas difficile de faire prendre feu à une matiere aifée à embrafer; dès que Charles s'approcha d'elle, il connut que rien n'eft fi dangereux que de chercher l'occafion. Il avoit bien autre chofe à fonger qu'à faire l'amour, il avoit un

---

(1) Ce nom lui étoit commun, & au Château que le Roi lui donna près de Vincennes : je ne fçais fi ce nom lui fut donné, à caufe d'Agnès, ou fi la Belle l'emprunta du Château,

Royaume à conquérir, il n'ignoroit pas
que Mars & Venus ne font guères de la
même compagnie ; mais comme l'un eft
fouvent plus difficile à dompter que
l'autre, le Roi n'écouta que fa paffion,
& eût été pu oublier pour Roi, s'il
eût affez malheureux que de tomber
dans les bras d'une femme qui l'eût en-
tretenu dans l'indolence qui fuit toujours l'amour. Agnès voyant un Roi fenfible à fes attraits, fe fentit maîtrifée
par un charme indomptable. Elle ne put
vaincre fa jeuneffe, fon inclination &
un maître ; cependant l'on ne peut
point dire pofitivement qu'elle fut vain-
cue. Plufieurs ont prétendu que le Roi
n'eut jamais que de l'eftime pour elle ;
au refte, fi cela eft, l'on peut dire qu'en
pareil cas, une femme n'aura jamais le
mérite de fa vertu, parce que le Public
porté à croire le mal plûtôt que le bien,
penfera toujours le contraire. Le Roi
l'aima avec toute la vivacité & l'ardeur

dont un cœur, qu'on ne maîtrife point,
eft capable. Au refte, Agnès étoit de ces
femmes qu'il eft impoffible de ne pas
aimer, ou qu'il ne faut jamais voir. Elle
étoit toujours animée d'une gaïeté qui
en infpiroit aux autres ; fes yeux bril-
loient d'un feu que la pudeur pouvoit
avouer : fa démarche étoit noble & aifée, & fa converfation étoit fi fort au-
deffus de celle des femmes, qu'on la
regardoit à cet égard comme un prodi-
ge. Son enjoument étoit fi refervé, fi
ménagé qu'elle ne donna jamais prife.
L'Hiftoire qui ne tait point fa foibleffe,
ne peut s'empêcher de lui rendre la juftice, qu'elle avoit encore plus de grandeur d'ame & plus d'efprit que de beauté. Sa maniere & fa conduite la firent
aimer de la Reine, malgré le vol qu'elle lui fit, en lui raviffant un cœur qui
devoit lui appartenir. Charitable envers
les pauvres, compatiffante pour les
malheureux ; elle ne fit jamais de mal à

perſonne ; libérale envers les Egliſes , elle apprit qu'il ne faut point juger de la Religion des Grands par leur conduite. En quoi paroît-elle plus louable? c'eſt qu'elle ne ſe ſervit de l'aſcendant qu'elle avoit ſur l'eſprit du Roi , que pour lui rappeller ce qu'il ſe devoit à lui-même & à ſon Peuple. Cette Demoiſelle le voyant prêt d'abandonner le ſiége d'Orléans , le détourna de ce deſſein , & l'engagea à le pourſuivre juſqu'à la derniere extrémité. Le Poëte qui , ſous François I. fit ſon Panégyrique , rapporte un trait bien admirable d'elle , qui fut qu'à cette occaſion , elle dit au Roi qu'il falloit qu'il l'oubliât juſqu'à ce qu'il eût vaincu les Anglois. François I. regardoit ce trait ſi beau , que Saint-Gelais dit que ce fut à ce ſujet que ce tendre Monarque lui fit ce Quatrain :

» Plus de louange & d'honneur tu mérites,
» La cauſe étant de France recouvrer ,
» Que ce que peut dans un cloître ouvrer
» Clauſe Nonain ou bien dévot Hermite. «

Jamais femme n'a été fi louée après fa mort. Sous François I. tous les Poëtes lui confacroient leurs vers. Son nom n'a pas été moins fameux en France que celui d'Helene dans la Grece ; mais il ne lui fut point auffi fatal , quoiqu'elle ne lui cédât pas en beauté. Agnès étoit fi belle qu'on l'appelloit communément la Belle des Belles. Ce fut pour lui conferver cet éloge jufques dans fon nom, que le Roi lui donna fon château de Beauté. Agnès éprouva , comme les autres , que la beauté & le crédit ne peuvent garantir de la loi génerale , & qu'il la faut fubir dans un temps où l'on ne fonge à rien moins. Elle en fentit les avant-coureurs dans le voyage qu'elle fit pour aller joindre le Roi qui étoit en Normandie. Elle s'arrêta en l'Abbaye des Jumiéges, à quatre lieues de Rouen, où le Roi étoit ; elle n'y fut pas long-temps fans prévoir que quoiqu'elle eût tous fes attraits , & qu'elle fût dans la

fleur de son âge, que la mort alloit venir à elle. Elle l'attendit en Chrétienne.
Comme la bonté de son tempérament
combattit longtemps contre la dissente-
rie, dont elle étoit attaquée, elle eut le
temps de s'y préparer. Elle en profita
pour faire aux Demoiselles qui étoient
à son service & à ceux qui l'environnoient, une belle morale sur la fragilité
des avantages du corps, dont il est fâcheux de n'être convaincu qu'à la mort.
C'est toujours beaucoup qu'une jeune
personne s'en persuade dans ce triste
moment : Agnès eut ce bonheur, & celui d'expirer dans des sentimens très-
Chrétiens, le 9 Février 1450, (1) à
l'âge de quarante ans ; fort regrettée du
Roi & de ceux qui étoient à son service. On crut qu'elle avoit été empoisonnée (2).

----

(1) Ou 1449, en ne commençant à compter
l'année qu'à Pâques, selon l'usage de ce temps.
(2) M. Bon-Ami dit qu'elle mourut en cou-

Elle fut enterrée dans l'Eglife Collégiale de Loches, fon tombeau eft dans le Chœur. Il eft de marbre noir. L'ef-

---

ches, & que l'enfant vécut fi mois. Il paroît affez étrange qu'une femme aille dans une Abbaye de Moines pour y faire fes couches, & qu'elle fuivît une armée dans un tel état, Au refte je n'ai aucune preuve pour contefter ce fentiment, qu'il n'a pas donné fans doute fans des témoignages, qui ont échappé aux autres, mais cependant qui me paroît démenti par les panégyriftes contemporains qui ont prétendu que le Roi n'eut que de l'eftime pour elle. Il eft inutile de faire remarquer comment ils auroient pu avancer une chofe fi groffiere, fi le fentiment de M. Bon-Ami prévaloit. Il n'eft pas foutenable. Voici ce que dit Jean Chartier, contemporain ; fi aucune chofe elle avoit commis avec le Roi, cela avoit été fait très-cauteleufement & en cachette. Bien eft-il vrai que cette Agnès eut une fille, laquelle ne véquit guères, & qu'elle difoit être & appartenir au Roi ; mais le Roi s'en eft toujours fort excufé, & n'y réclama oncques rien. Suppofé que cela foit, ce ne peut être celle que lui donné M. Bon-Ami ; car tous les Ecrivains du temps conviennent que c'étoit un crime de ne pas parler d'elle à la Cour avec beaucoup de refpect. Pour cela il faut qu'elle ait fauvé les apparences.

figie de la belle Agnès s'y voit en marbre blanc, deux Anges tiennent l'oreil-
let fur lequel repofe fa tête, & à fes
pieds font deux beliers. Au tour on lit
cette Epitaphe :

» Ci gift noble Demoifelle Agnès
» Sorelle, en fon vivant Dame de beau-
» té, Rocherie, d'Iffoudun, de Ver-
» non-fur-Seine, pitieufe envers toutes
» gens, & qui largement donnoit de
» fon bien aux Eglifes & aux povres ;
» laquelle trefpaffa le neuvieme jour de
» Février 1449. Priez Dieu pour le re-
» pos de l'Ame d'Elle. *Amen.* «
Les Chanoines lui accorderent volontiers cette fépulture, en confidéra-
tion de deux mille écus d'or, qu'elle
leur donna pour acheter les Terres de
Fromenteau & de Bigorre ; pour la fon-
dation d'une Meffe perpétuelle & de
quatre Anniverfaires folemnels. Outre
cela elle leur donna une magnifique ta-
pifferie, plufieurs joyaux & tableaux,

une statue d'argent de sainte Madeleine
& une de ses côtes. Ils ne se firent point
scrupule de recevoir tous ces dons ; mais
après sa mort , Louis XI. se trouvant
dans leur Eglise, les Chanoines lui mon-
trerent le tombeau de leur Bienfaitrice.
Pour lui faire la cour , ils le prierent de
faire enlever du milieu de leur Chœur,
un objet si peu propre à reveiller en eux
les vertus de leur état , dont peut-être
ils avoient grand besoin. *J'y consens ,*
répondit le Roi ; mais avant il faut ren-
dre tout ce que vous avez reçu d'elle. Il
n'est pas étonnant que son tombeau se voie
encore aujourd'hui. Ce qui engageoit ces
Chanoines à chercher à faire leur Cour
à Sa Majesté, c'est qu'elle n'avoit jamais aimé ceux que son pere avoit ché-
ris. Quelques - uns même l'ont accusé,
étant Dauphin , d'avoir empoisonné
Agnès, fondés sans doute sur ce qu'il
ne l'aimoit pas. Elle aimoit trop le Roi
son pere pour n'être pas, par cette raison

son

son ennemie. Le spécieux prétexte de l'intérêr de la mere, à qui Agnès enlevoit le cœur du Roi, eût excusé sa haine, si l'on eût ignoré qu'il ne se piqua jamais d'avoir beaucoup de tendresse pour ses parens. Malgré cela, il est aussi imprudent de l'accuser de l'avoir empoisonnée que d'en avoir accusé Jacques Cœur, Surintendant des Finances, & qu'Agnès avoit nommé son Exécuteur Testamentaire. Il se purgea de ce crime, & dévoila l'imposture de cette accusation. Quelques Ecrivains modernes, amateurs des faits extraordinaires, rapportent encore que le Dauphin poussa une fois l'emportement jusqu'à lui donner un soufflet en présence du Roi. Comme aucun Historien contemporain ne rapporte ce fait, je voudrois sçavoir qui a pu leur révéler ; ils auroient dû songer que c'est un conte si souvent rebattu, qu'il fait honte à ceux qui le rapportent, sans avoir des preuves en mains. Ce qu'il y a de plus certain, c'est que quoique Charles VII. la pleura beaucoup, & qu'il répeta souvent dans les premiers accès de sa douleur, qu'il n'en aimeroit jamais d'autres ; il ne tarda pas à montrer qu'il n'y a rien de si aisé que de se consoler d'une maîtresse, lorsqu'on est maître de remplir sa place, & que la femme la moins belle, fait sans peine oublier la plus belle, qui n'est plus.

Voilà le stratagême dont elle se servit, selon M. de Fontenelle, pour rappeller Charles VII. à son devoir.

Dialogue. » Le Roi, dont j'étois aimée, vou-
» loit abandonner son Royaume aux
» usurpateurs étrangers, & s'aller ca-
» cher dans un pays de montagnes, où
» je n'eusse pas été trop aise de le sui-
» vre. Je m'avisai d'un stratagême pour
» le détourner de ce dessein. Je fis ve-
» nir un Astrologue avec qui je m'en-
» tendois sécretement : il me dit un

» jour en préfence de Charles, que tous
» les aftres étoient trompeurs, ou que j'inf-
» pirerois une longue paffion à un grand
» Roi. Auffitôt je dis à Charles, vous
» ne trouverez donc pas mauvais, Sire,
» que je paffe à la Cour d'Angleterre ;
» car vous ne voulez plus être Roi, &
» il n'y a pas affez de temps que vous
» m'aimez pour avoir rempli ma defti-
» née. La crainte qu'il eut de me per-
» dre, lui fit prendre la réfolution d'être
» Roi de France, & il commença dès-
» lors à fe rétablir. « Au refte M. de
Fontenelle ne donne pas cela comme un
trait hiftorique ; mais parce qu'il lui four-
niffoit cette réflexion, voyez combien la
France eft obligée à l'amour, & combien ce Royaume doit être galant, quand
ce ne feroit que par reconnoiffance.

ANNE DE FRANCE,

Dame de Beaujeu , Duchesse de Bourbon.

CEtte Princesse , la merveille de son siècle , ne tenoit de son sèxe que la beauté , & ressembloit aux plus grands Hommes du reste. Tous les Historiens nous la représentent comme un génie supérieur (1) par la pénétration de son esprit , par son courage & sa fermeté. Elle étoit exempte des foiblesses inséparables de son sèxe pour l'ordinaire ; personne n'étoit plus capable par ses grandes qualités de gouverner un Etat : il ne lui manquoit, pour rendre un peuple heureux , que le droit de le com-

______

(1) C'étoit , dit Brantome , une maîtresse femme, un petit pourtant brouillone , spirituelle & bonne assez.

mander. Louis X I. qui connoiſſoit le caractère de ſa fille, lui chercha un mari qu'elle pût gouverner, & qui, par conſéquent, pût s'oppoſer aux autres Princes par ſes conſeils, ſi après ſa mort ils vouloient s'emparer du Gouvernement ; au lieu que s'il lui eût donné un mari, qui n'eût voulu prendre conſeil que de lui-même, l'eſprit de ſa fille eût été inutile à ſes deſſeins. Par cette raiſon il lui choiſit Pierre de Bourbon, Comte de Beaujeu, dont le caractère lui convenoit ſi peu, que les confidens d'Anne lui diſoient, que de les avoir unis enſemble, c'étoit avoir attaché un vivant avec un mort : auſſi ne l'épouſa-t-elle que par ſoumiſſion pour ſon pere. Cependant tous différens que fuſſent leurs caractères, car le Duc n'aimoit que la tranquillité, & mettoit ſon plaiſir à ne pas faire parler de lui ; la Comteſſe qui mettoit ſon plaiſir dans le contraire, fut heureuſe contre ſon attente. Beaujeu

1473.

aſſez judicieux pour croire qu’elle avoit plus d’eſprit que lui, la laiſſa vivre & gouverner ſa maiſon à ſa mode. Il la laiſſoit vivre à la Cour tant qu’elle ſouhaitoit, & la recevoit avec plaiſir dans le Beaujolois, où il ſe divertiſſoit à la chaſſe lorſqu’elle venoit le rejoindre.

Louis XI. fut charmé de cette union à laquelle il ne contribua pas ; mais il étoit aiſé que ſon mari ne ſecondât en rien l’ambition de ſa femme, parce que ſi elle avoit des projets contre l’Etat, ils ſe ruineroient d’eux-mêmes par la raiſon qu’elle ſeroit ſans appui. Quoique pendant toute ſa vie il eût été jaloux de ſes talens, il crut cependant qu’elle étoit ſeule en état de s’oppoſer aux factions des Grands, & de faire regner ſon frere Charles VIII. en repos. En mourant il lui laiſſa, par ſon teſtament, l’adminiſtration du Royaume juſqu’à ce que ſon frere qui n’avoit pour lors que treize ans, fut en état de gouverner par lui-même. Anne aussi surprise que charmée de la confiance de son pere, se fit un point d'honneur de remplir si bien son attente, que les Peuples n'eussent point sujet de se repentir de ce choix. Ce ne fut pas sans obstacle. Le Duc d'Orléans (Louis XII.) & le Duc de Bourbon qui n'étoient pas sans mérite, prétendirent qu'ils devoient être préferés à une femme. Il falloit l'esprit & l'industrie de la Comtesse de Beaujeu pour dissiper deux factions aussi redoutables. Le Duc d'Orléans étoit héritier présomptif de la Couronne, la mauvaise santé de Charles faisoit que tous les Courtisans le regardant pour celui qu'ils auroient bientôt pour maître, se déclaroient pour lui. Le Duc de Bourbon ayant soixante ans, & ayant rendu de grands services à l'Etat, étoit regardé comme celui dont l'expérience pouvoit le sauver en cas qu'on l'attaquât sous un Roi foible. La Comtesse ne prit point le parti de les attaquer ouvertement, elle ménagea le Duc d'Orléans, par la raison que la Loi sembloit être pour lui, & le Duc de Bourbon parce qu'elle craignoit qu'il ne fruſtrât le Comte de Beaujeu de ſa riche ſucceſſion. Le milieu qu'elle prit, fut de les engager de prendre les Etats pour arbitre du différend. Il ſembloit qu'elle ne demandoit rien , cependant cette habile Princeſſe, en les y faiſant conſentir, ce qu'ils ne pouvoient refuſer , les mettoit dans la néceſſité de céder ; puiſqu'en attendant la convocation des Etats, le Roi qui devenoit majeur, déclareroit qu'il eſpéroit qu'on ne lui diſputeroit pas le droit qu'il avoit de choiſir ſon conſeil. Les deux rivaux virent bien que quelque mauvais que fût ce parti , ils n'en avoient point d'autres à prendre, parce qu'en refuſant les Etats pour arbitre ; dès lors ils s'attireroient la haine du Public.

La Comteſſe contente de cet avanta-

ge , pour fe rendre populaire & pour
gagner l'affection des Grands, abandon-
ra à la févérité des Loix , Olivier le
Dain & Doiac,(1) qu'on regardoit comme
les auteurs des maux du dernier regne.
Pour fortifier fon parti , elle rappella
ceux qui avoient été difgraciés fous le
dernier Prince. Comme le Roi fe déclaroit pour elle, elle les mettoit dans la
néceffité de n'être pas ingrats ; parce
qu'elle leur faifoit entendre qu'on ne
pourroit jamais obliger le Roi à fe priver de fes Confeillers. Pour avoir moins
d'ennemis en tête, elle tâcha de gagner
le Duc de Bourbon, elle le convainquit
que fi la Loi n'étoit pas pour elle, qu'elle ne pouvoit être que pour le Duc
d'Orléans , & que jamais les fuffrages
ne feroient pour lui; qu'ainfi, qu'outre
l'avantage qu'il trouveroit, en laiffant
l'authorité dans la Maifon de Bourbon,
elle lui offroit la charge de Connétable

---

(1).Ils étoient favoris du dernier Roi.
C 7

de France. C'étoit le prendre par son foible. Depuis trente ans cette charge étoit l'objet de son ambition; ainsi prudemment il prit le certain, & quitta l'incertain. Il se réunit au parti de sa belle-sœur, & se déclara pour elle contre le Duc d'Orléans. Cette victoire ne l'éblouit pas. Un héritier présomptif de la Couronne lui paroissoit toujours redoutable, pour l'affoiblir elle commença par proposer à l'assemblée des Etats, que tous les Princes du Sang fussent admis au Conseil étroit. Par là elle les détachoit du Duc d'Orléans, qui seroit fâché de n'avoir pour toute supériorité que le droit d'aînesse. Ensuite elle demanda que les Etats choisissent douze personnes de leurs Corps pour y assister en leur nom, par-là elle les gagnoit en s'offrant à partager avec eux l'autorité suprême : ce qui fit dire d'abord qu'elle aimoit mieux n'avoir qu'une petite partie de ce qu'elle demandoit, que de n'avoir rien du tout. Mais cette rusée Prin-

cesse ne cherchoit qu'à en impofer par
cette modération. Les Etats affurés que
le Duc d'Orléans ne feroit pas fi refervé, confirmerent, d'un commun accord,
la volonté de Louis XI, à l'exception
des Députés de l'appanage du Duc d'Orléans, qui n'y formerent oppofition que
par politique.

Le Duc d'Orléans piqué de l'affront
qu'il venoit de recevoir, pour fe venger & pour tromper la Comteffe qui
efpéroit ne le point voir au Confeil, s'y
rendit très-affidu. La Comteffe eût été
la dupe, fi le Duc d'Orléans eût été plus
conftant. Tous les Princes du Sang fe
rangeoient toujours de fon côté ; ainfi
comme il prenoit plaifir à contredire en
tout la Princeffe, fon avis étoit toujours
fuivi. La Comteffe au défefpoir ne cherchoit qu'à mortifier le Duc d'Orléans.
L'Etat ne pouvoit qu'en fouffrir, parce
que tous les deux , fans égard pour la
juftice, ne cherchoient qu'à fe fatisfaire.

C vj

Ce qui empêcha le Duc d'Orléans de se trouver à l'avenir avec elle , fut une vivacité qui lui échappa. Un jour qu'il jouoit, en préfence du Roi & de fa fœur à la paume , on contefta fur un coup qu'on laiffa au jugement des Spectateurs : la Comteffe de Beaujeu auffitôt décida contre le Duc d'Orléans. Le Duc qui étoit naturellement emporté , auffi irrité contre le juge que contre fa décifion, dit affez haut pour être entendu , qu'une p.... feule pouvoit avoir décidé ainfi. La Comteffe ne fit pas femblant d'avoir entendu le mot. Le Duc d'Orléans revenu un peu à lui , comprit bien qu'une perfonne qui a l'autorité en main , ne pardonne jamais une telle injure. Sans héfiter il fe détermina à ne plus fe trouver à la Cour , d'autant qu'il apprit qu'on cherchoit à l'arrêter. Il prévint le coup en fe retirant chez le Duc d'Alençon. Il entraîna plufieurs Princes dans fon parti qui , appuyés du Duc de Breta-

gne, auroient pû obliger la Comteſſe à quitter la partie, s'ils euſſent agi de concert,
& s'ils n'euſſent pas donné le temps de
ſe précautionner contr'eux. La guerre
néanmoins ſe fit de part & d'autres,
la Tremouille brilla à la tête des armées, & notre Héroïne ſe ſignala au
Conſeil. Le différend ne finit que par la
bataille de Saint-Aubin, qui mit entre
les mains de la Comteſſe de Beaujeu,
le Duc d'Orléans. Elle ne fut pas auſſi
généreuſe qu'il le fut, lorſqu'il monta
ſur le thrône; elle ſe vengea en femme,
c'eſt-à-dire, qu'elle ne mit point de ^{Varillars}
bornes à ſa paſſion. Un de nos Hiſto-
riens va même juſqu'à dire qu'elle le fit
mettre dans une cage de fer, où elle
le retint huit mois; ce qui eſt plus certain, c'eſt qu'il reſta trois ans priſonnier, & qu'il n'en ſortit que malgré elle.

Perſonne ne lui conteſtant plus le
gouvernement, elle s'appliqua à faire
réuſſir un deſſein qu'elle n'avoit pas

perdu de vûe depuis le commencement des troubles, qui étoit de réunir la Bretagne à la Monarchie, & à faire fleurir l'Etat. Son amour propre l'y portoit, parce qu'elle en auroit toute la gloire, se voyant sans concurrent, le Duc de Bourbon son beau-frere étant mort depuis peu. Par cette mort son mari étoit devenu le chef de cette Maison qui étoit très-puissante ; son parti s'étoit fortifié, parce qu'il étoit de l'intérêt des Maisons de Vendome & de Montpensier de lui être attachée, au lieu que jusqu'alors elles avoient toujours penchés pour le Duc de Bourbon, qui s'étant vu Connétable, avoit cru que la charge de Lieutenant-Général de l'Etat n'en devoit pas être séparée.

La mort de François II, Duc de Bretagne, donna lieu à la Duchesse de Bourbon d'immortaliser son administration ; en effet la réunion de la Bretagne fut ce qu'elle fit de plus important, mais elle en diminua l'éclat, en rendant à Ferdinand le Catholique, le Rouſſillon & la Cerdaigne, ſans même exiger la reſtitution de l'argent prêté. Ce qui paroît le plus ſurprenant, c'eſt qu'elle ſe laiſſa pour cela abuſer par un Moine qui étoit ſon Confeſſeur. Ce Moine ſéduit par l'argent de Ferdinand, lui fit accroire que Louis XI. ne ſortiroit point du Purgatoire qu'elle n'eût fait cette reſtitution : il me ſemble qu'il falloit quelque choſe de plus que le témoignage d'un Moine pour prendre ce parti. Selon les conjectures, ce Comte n'eut pas fait grande impreſſion ſur une femme d'eſprit, ſi le Roi n'eût pas eu d'envie d'aller porter la guerre en Italie. Comme la Ducheſſe avoit déjà beaucoup perdu de ſon crédit, elle ne conſentit à cette reſtitution que par la même raiſon qu'elle conſentît à cette guerre, c'eſt-à-dire parce qu'elle voyoit que le Roi ne prenoit plus conſeil que de ſes favoris. Elle étoit trop clairvoyante pour eux, ainsi ils ne voulurent pas qu'elle suivît le Roi en Italie, ils lui repréfenterent qu'on attribueroit qu'aux confeils de fa fœur fes bons fuccès. Ils ne lui dirent pas que, le connoiffant pour être fans expérience, ils le gouverneroient, & qu'ils le feroient partager entr'eux le Domaine du Royaume de Naples, ce qui arriva, & ce que la Ducheffe fûrement n'eût pas fouffert ; pour qu'elle n'en eût point de chagrin, ils la laifferent en France, fous prétexte qu'elle étoit feule capable de gouverner le Royaume pendant l'abfcence du Roi; ce qu'elle fit avec l'agrément de toute la Cour, qui fuivit S. M. en Italie. (1) Il eft inutile de rapporter ici que Charles VIII. perdit le Royaume de Naples en auffi peu de temps qu'il l'avoit conquis, & qu'il fe repentit fouvent de n'avoir pas fuivi le confeil de fa fœur qui

<hr>

(1) Louis XI, fon pere fut le premier qu'on appella *Sa Majefté.*

lui avoit tant recommandé de ne point
diſſiper ce qu'il trouveroit dans ſes villes
qu'il prendroit, parce qu'il ne lui ſeroit
pas ſi facile de faire de nouvelles provi-
ſions, & d'empêcher l'ennemi de profiter du moindre échec qui pourroit lui
arriver. La Ducheſſe tâcha que le Roi
n'eût rien à lui reprocher. Elle ſe fut aiſément conſolée du mauvais ſuccès de
ſon voyage, ſi elle ne ſe fût apperçue
qu'il avoit fort altéré ſa ſanté, & ſi peu
après ſon retour le Dauphin ne fût venu
à mourir. Par cette mort la Couronne
appartenoit au Duc d'Orléans, c'eſt-à-
dire au plus grand ennemi que la Du- 1498.
cheſſe croyoit avoir, elle éprouva cependant le contraire ; Charles VIII étant
mort au mois d'Avril 1498, Louis d'Orléans monta ſur le thrône ſans conteſta-
tion. Cette mort chagrina d'autant plus
la Ducheſſe, qu'elle n'avoit qu'une fille.
Par un article du contrat de mariage de
Jean I de Bourbon, tous les Duchés &

Seigneuries , devoient appartenir à la Couronne. La Ducheſſe ſongeoit à prévenir ce coup , en faiſant épouſer ſa fille au Comte de Montpenſier, à qui le Roi auroit fait une ceſſion de ſes droits ; ſa mort imprévue l'en avoit em- pêché. La Ducheſſe craignoit que Louis XII. ne fît valoir ſes droits , ſur - tout n'en ayant aucun de pouvoir par elle- même tranſporter tous ſes Domaines au Comte de Montpenſier, quoique mâle de ſa Maiſon. La Ducheſſe étoit dans ſes inquiétudes lorſqu'elle apprit que le Roi diſoit qu'il ne vengeroit jamais les in- ſultes faites au Duc d'Orléans. Elle eſ- péra autant de ſa généroſité de ce Prin- ce que de l'amitié qu'il avoit toujours eûe pour ſon mari. En effet, il lui en donna une preuve bien ſenſible, en lui permettant que , ſans égard aux clauſes du traité de mariage , Suſanne porta pour dot au Comte de Montpenſier, les Duchés de Bourbon, d'Auvergne & aurres Seigneuries. (1) Cette grandeur d'ame charma toute la Cour : ce qui donna au Roi plus de contentement qu'il n'en auroit eu dans l'abaiſſement où il pouvoit tenir, ſans injuſtice, ces deux anciens concurrens.

La Ducheſſe cependant ne tint plus d'autre rang à la Cour que celui que ſa naiſſance lui donnoit ; elle y fut même rarement, quoique le Roi l'eût maintenue dans la place qu'elle avoit au Conſeil, & qu'elle eût même ſous François I. Elle s'appliqua à aſſurer la ſucceſſion à ſon gendre. (2) Le Comte de Montpenſier céda tous ſes droits à Suſanne ſon épouſe, qui fit la même choſe à l'égard de ſon mari. L'on arrêta que celui qui ſurvivroit ſeroit héritier de l'autre. Suſanne mourut en 1522. Par ſon Teſtament elle confirma la donation qu'elle avoit faite

_____

(1) Le mariage fut célébré par le Cardinal d'Amboiſe, au mois de Mai 1506.

(2) Ce point eſt diſcuté dans la Vie de la Ducheſſe d'Angoulême.

de ses biens à son mari. La Duchesse de
Bourbon, après la mort de sa fille, en
fit une pareille en faveur de son gendre : ainsi cette succession paroissoit incontestable. Malheureusement le Comte
de Montpensier eut pour ennemie la
mere de François I, qui étoit de la Maison de Bourbon : comme elle étoit toute
puissante auprès du Roi, elle l'engagea
à défaire l'ouvrage de Louis XII, qui
avoit rendu la Maison de Bourbon très-
puissante. Le Roi François I. l'écouta
malheureusement pour lui. La Maison
de Montpensier qui étoit la branche aînée de Bourbon, perdit son crédit ; mais
ce fut en mettant la France à deux
doigts de sa perte. La Duchesse, sa belle-mere eut le chagrin de voir une partie des malheurs de son fils, (1) & de
n'y pouvoir remédier.

____

(1) Le Pere Lacoste dit que le chagrin qu'elle en eût, la mit au tombeau, le 14 Novembre
1522, au château de Chantelle : elle fut enterrée avec son mari, au Prieuré de Sauvigny en
Bourbonnois.

La Duchesse est la Fondatrice des Filles de sainte Claire, à Gien, & des Mi-
nimes de la même ville, dont elle avoit
le Comté.

Elle avoit pour Devise une nuée d'a-
zur, de laquelle sortoient des langues de
feu; au milieu étoit un cerf volant qui
cherche toujours à s'élever, avec cette
legende, *Espérance.*

ANNE DE PUISSELEU,

Demoiselle de Helli, Duchesse d'Étampes.

ELle fut d'abord Fille d'Honneur de Louise de Savoie, mere de François I. Elle a joué depuis un trop grand personnage sous le regne de ce Roi, pour la passer entierement sous silence. Ce fut Louise de Savoie qui, sans le vouloir, la mit dans le piége où elle tomba. Elle la conduisit avec elle au Mont de Marsan, où elle alloit recevoir son fils qui revenoit de sa prison d'Espagne. François I. ne tarda pas à démêler la Demoiselle. Outre la jeunesse, elle avoit tout ce qui peut donner de l'amour à un jeune Prince qui en étoit fort susceptible. Si elle eut ce dessein, elle ne soupira pas longtemps. Dès que le Prince la

vit, il en devint éperdument amoureux.
Comme les Rois ont moins de chemin
à faire que les autres, & qu'ils trouvent
rarement des cruelles ; il n'eut pas longtemps à combattre le titre de Fille
d'Honneur. Celui de maîtresse d'un Roi
flatte infiniment plus une jeune personne qui se persuade que celui à qui elle
donne son cœur, a assez de pouvoir
pour la mettre à couvert des reproches
qu'on pourroit lui faire. On s'apperçut
de la passion du Prince, par ses profu-
sions à son égard. Ceux qui voulurent
obtenir sûrement, implorerent son crédit. Le Roi pour lui donner un rang,
lui fit épouser le Comte de Penthievre,
fils de René de Bretagne, qui, en considération de ce mariage, fut fait Duc
d'Étampe. (1) Il ne fut pas sans doute

____

(1) Il étoit le dernier de la Maison de Brof-
fes, où celle de Blois, souveraine de Bretagne
étoit entrée. Henri II. pour ôter toute con-

auſſi prudent qu'on avoit lieu de l'attendre. Il la laiſſa d'abord vivre à ſa fantaiſie ; mais ſoit ennui, ſoit jalouſie ou petiteſſe d'eſprit, il contribua à ſa propre infamie, en décriant le premier ſon épouſe, avec autant d'empreſſement que les autres en ont pour augmenter, ou du moins conſerver leur réputation. Jamais femme ne ſoutint ſi longtemps ſon crédit; ni le temps, ni la cabale ne purent l'affoiblir. Le temps qui, ordinairement porte le coup fatal à l'amour, ne fit à ſon égard que l'affermir, & après plus de vingt ans, François I. l'aima plus paſſionement qu'il ne l'avoit jamais aimée. Il faut pour cela avoir des talens ſupérieurs. L'on pourra bien dire que l'amour aveugle & endurcit; j'en con-

---

teſtation à venir, lui donna le Duché de Penthievre en Fief pour les droits qu'il pourroit encore avoir ſur la Bretagne. Il étoit preſqu'évident qu'il n'en avoit point : ainſi l'on ne pouvoit porter plus loin le ſcrupule.

viens,

viens, mais les Princes ſont comme les autres hommes. Le goût de la nouveauté les flatte ; ainſi il faut donc que ce même objet travaille à paroître toujours nouveau, il faut qu'il ranime un goût rebuté. Pour cela il faut quelque choſe de plus que des charmes, il faut de l'eſprit, c'eſt là l'unique moyen. La beauté ſe flétrit ; mais pour l'eſprit, s'il eſt cultivé, il prend chaque jour un nouvel accroiſſement. La Ducheſſe ſe le perſuada ; auſſi compta-t'elle moins ſur ſa beauté que ſur ſon eſprit, d'autant qu'elle avoit en tête des ennemis redoutables. Le Dauphin avoit auſſi une maîtreſſe qui ne lui cédoit en rien. Comme elles avoient toutes deux le même but , qui étoit de plaire & de dominer, il ne faut point s'étonner ſi elles devinrent ennemies irréconciliables. Elles employerent toutes ſortes d'artifices pour ſe ſupplanter, & quoiqu'elles ne pouvoient prétendre de maîtriſer le pere & le fils,

elles vouloient du moins n'avoir point
d'ombre , & toutes deux vouloient s'attirer entierement les regards de la Cour.
Il eſt aiſé de penſer que la Ducheſſe
d'Etampes eut toujours le deſſus ; mais
cet aſcendant augmentoit le nombre de
ſes ennemis. Il eſt attaché aux femmes
de ce rang d'en avoir ; mais à ceux – ci
ſe joignoient les partiſans de la Séne-
chale de Normandie & les Courtiſans
du Dauphin. La Ducheſſe ſans l'effrayer,
ne ſongea qu'à fortifier ſon parti. Outre
que celui du Roi, en apparence eſt toujours le plus fort, elle fut toujours en
bonne intelligence avec les favoris. Elle
s'allia avec l'Amiral de Chabot, ne prit
parti ni contre le Connétable de Montmorenci, ni pour lui ; mais ce renfort
n'eut pas été d'un grand poids, puiſque
jamais Prince n'eût plus de favoris que
François I, & jamais Prince ne les abandonna plus aiſément. Tous furent diſ-
graciés : auſſi lorſqu'on vit le Connéta-

ble de Montmorenci, premier favori de
ce nombre, il n'y eut perſonne qui n'eût
parié que la Ducheſſe le ſuivroit de près.
Mais elle qui connoiſſoit l'inconſtan-
ce du Prince, en voyoit auſſi le remède. Elle ſçavoit que pour ſe maintenir
dans ſon eſprit, il falloit ne pas paroître le captiver; qu'il falloit montrer un
grand zèle pour le bien de l'Etat & pour
les intérêts du Prince : qu'il falloit en
ce cas lui tout ſacrifier & affecter un
déſintereſſement dont le Courtiſan eſt
peu capable. Auſſi quoique la Ducheſſe
n'épargnât rien pour s'enrichir, elle s'accommoda en tout à l'humeur du maître,
dès que cela fut néceſſaire. Elle donna
une preuve de déſintereſſement & de
zèle pour les intérêts du Prince, lorſque l'Empereur Charles V. vint à Paris,
qu'on ne peut trop louer. Elle connoiſſoit aſſez le caractère de l'homme, ſur-
tout celui des Princes, pour prévoir que
l'Empereur ne tiendroit plus ſa parole,

D ij

dès qu'il n'auroit plus befoin de la France. Elle en dit librement fon avis , &
l'appuya par de fi fortes raifons qu'on
délibéra au Confeil , fi on n'arrêteroit
point l'Empereur pour l'obliger à donner , par écrit la promeffe qu'il avoit
faite de l'inveftiture du Duché de Milan. Cela fut rapporté à l'Empereur, on
lui en dit la caufe. Pour détourner ce
malheur il tâcha de gagner indirecte-
ment la Ducheffe , en laiffant tomber,
lorfqu'elle lui donna à laver , le plus
beau de fes diamans. La Ducheffe auffitôt le ramaffa , mais il refufa de le recevoir , par la raifon que jamais Empereur
n'avoit repris aucun bijoux qui étoit
forti de fes mains. La Ducheffe fut con-
trainte de l'accepter ; mais elle n'en fut
pas plus reconnoiffante. Elle dit librement au Roi qu'il n'avoit pas été fi gé-
néreux fans deffein , & que puifqu'il
craignoit tant , qu'on le forçât d'affurer
ce qu'il avoit promis , c'eft qu'il n'avoit

aucune envie d'accomplir ſa promeſſe.
Le Roi approuva ce qu'elle diſoit , &
malgré cela il ſuivit l'avis du Connétable. (1) L'on peut dire que cette action
de la Ducheſſe ranima entierement la paſſion du Prince. Juſqu'alors elle avoit
partagé ſon cœur avec le Connétable , il
fut depuis entierement pour elle ; auſſi
en profita-t'elle ; car pendant le reſte de
ſa vie elle le gouverna abſolument. Ce
dégré de faveur augmenta le dépit de la
Sénéchale , & par conſéquent la haine entr'elles. La Ducheſſe ſe déclara hautement contre tout ce qui étoit pour elle
ainſi que contre le Dauphin , & prit le
parti du Duc d'Orléans ſon frere ; mais
elle pouſſa trop loin ſon attachement
pour lui. L'on peut dire que ce ne fut
que parce qu'elle voyoit la Sénéchale
s'oppoſer trop vivement aux intérêts de
ce Prince. Ce fut par cette raiſon qu'el-

____

(1) Il penſoit que le Roi ne pouvoit le faire
arrêter , ſans faire tort à ſa réputation.

le fit rompre les conférences qu'on tenoit pour la paix, sous prétexte que
le mariage du Duc d'Orléans étoit contraire aux intérêts du Dauphin. Elle
n'avoit point tout-à-fait tort, puisque
pour cela le Roi céda les droits qu'il
avoit sur Naples & Milan, & renonçoit
à la souveraineté des Comtés d'Artois &
de Flandres, un des plus beaux droits
du Roi qui, par-là, avoit l'Empereur
pour feudataire.

La Duchesse d'Etampes pour que sa
rivale ne l'emportât pas, afin de faire
renouer les conférences, donna le
moyen à l'Empereur de ravitailler son
armée, par la surprise des magasins d'E-
pernai & de Château-Thierry. Son stratagême, qu'on pourroit appeller trahison, lui réussit. La paix fut conclue,
malgré les protestations du Dauphin.
La Duchesse risquoit beaucoup, puisqu'elle se mettoit dans le cas d'être un
jour inquiétée, selon la rigueur des Loix

qui, en pareil cas, pardonnent rarement;
mais la Ducheſſe ne ſongeoit qu'au pré-
ſent, & ſi elle ne croyoit pas le Roi
immortel, du moins elle penſoit qu'il
vivroit encore aſſez longtemps pour le
garantir de la fureur de ſes ennemis.
Elle ſe trompa, le Roi ne ſurvécut au
Traité de Crépi qu'environ deux ans.
Perſonne ne ſentit plus vivement ce
coup que la Ducheſſe, elle reſta ſans reſſource, ſans retraite, ſans protection;
Gui de Chabot de Jarnac qui avoit
épouſé ſa ſœur, n'étoit pas en état de la
garantir du danger, puiſque lui-même
y étoit expoſé par l'imprudence qu'il
avoit eu de dire au Dauphin qu'il avoit
couché avec elle. Paroles qui furent
cauſe de ce fameux duel auquel on at-
tribua la fin malheureuſe de Henri II.
La Ducheſſe n'avoit pas même un azyle
dans ſa maiſon; car ſon mari déclara
qu'il ne vouloit pas l'y recevoir. Il eſt
vrai qu'elle ne l'eſtimoit pas aſſez pour

1547.

D iv

se réfugier auprès de lui, sinon dans la
nécessité ; mais elle s'y trouvoit, puisqu'elle étoit exposée à la discrétion de
la Sénéchale qu'elle avoit si souvent me-
nacée. La Duchesse se persuada tellement qu'elle ne pouvoit fuir sa perte,
qu'elle ne prit aucune précaution, & ne
s'avisa même pas d'implorer la clémence
de son ennemie. Il n'y avoit point de
Courtisan qui ne pensât de même, sur-
tout lorsqu'on vit la Sénéchale, faire dis-
gracier des gens dont la conduite étoit irréprochable ; mais elle trompa toute la
France. Dès qu'elle vit qu'elle avoit le
pouvoir de maltraiter impunément la
Duchesse, & qu'elle n'avoit plus rien à
craindre d'elle, sa haine se changea en
indifférence ou en mépris. Soit pitié,
soit religion, soit qu'elle craignît qu'elle ne fournit le prétexte qu'on la traitât
un jour de même, elle oublia tellement
la Duchesse, qu'on eût dit qu'elle ne
l'avoit jamais connue. Elle la laissa se

retirer tranquillement dans une maison de campagne qu'elle avoit achetée , & jouir en paix des grands biens qu'elle avoit amassés , quoique la suite de sa conduite pût de nouveau la faire inquiéter.

La Duchesse contente de voir qu'on l'avoit oubliée, s'inquiéta peu pour lors de la haine de son mari, elle ne fit aucune démarche pour l'appaiser. Dès qu'elle fut dans sa retraite, elle ne crut plus être obligée à la dissimulation qu'elle avoit jusques-là observée au sujet de la Religion. Soit qu'elle se fût laissée séduire, ou bien que le Calvinisme lui ait paru la secte la plus propre pour étouffer les remords de sa conscience, elle en embrassa la religion ; mais comme elle ne comptoit pas assez sur ses charmes & sur ses ruses, & qu'elle sçavoit que François I. n'avoit pas même épargné un de ses Valets-de-chambre qu'il aimoit fort, elle prit le parti de diſſimuler pendant ſa vie. Mais après ſa mort la ſeule précaution qu'elle prit, fut de ne point avoir chez elle de Miniſtre, & d'aller à la Meſſe les jours ſolemnels. A cela près elle profeſſa entierement la nouvelle Religion. Elle lui conſacra tous ſes grands biens, ne dépenſant que ce qui lui étoit néceſſaire. Sa maiſon fut la retraite des Calviniſtes perſécutés. Elle n'eut plus que des domeſtiques qui le fuſſent. Ce fut elle qui ſoutint, ce qu'on appelle encore aujourd'hui, *la bourſe à perrete.* Elle diſtribuoit ou faiſoit diſtribuer de l'argent à tous ceux qui embraſſoient la nouvelle Religion, avec promeſſe que rien ne leur manqueroit, pourvû qu'ils perſéveraſſent. Ce fut-là à quoi elle s'occupa juſqu'à la fin de ſa vie, il ne lui manqua que d'avoir changé d'objet pour effacer ce que le nom de maîtreſſe ou de concubine laiſſe de honteux dans l'eſprit des hommes, qui rarement eſtiment ce qu'ils ont le plus aimé.

LOUISE DE SAVOIE,

Duchesse d'Angoulême.

Louise nâquit le 11 de Septembre 1476, au Pontdin en Savoie, elle eut pour pere Philippe, Comte de Bresse, puis Duc de Savoie, qui en premieres nôces épousa Marguerite de Bourbon, fille de Charles I, Duc de Bourbon, & d'Agnès de Bourgogne. Cette Princesse mere de Louise lui donna les premiers principes de l'éducation ; mais la mort l'enleva dans un temps où elle eut le plus besoin de ses secours. Louise y suppléa en partie, en se les procurant elle-même, & en s'ornant l'esprit de connoissances qui distinguent les femmes autant que la beauté. Louis XI. qui avoit épousé Charlotte de Savoie, sœur de Philippe, pourvut à l'établissement de sa niéce, il lui fit épouser au mois de Fé-

D vj

vrier 1488 Charles, Comte d'Angoulême, qui feroit à peine connu, s'il n'eût
époufé une Princeffe d'un caractère tout
oppofé au fien : car il n'aimoit que la
vie retirée, & la préféroit aux agitations
de la Cour. Cependant on doit dire, à la
louange de Louife qu'elle vécut toujours
en grande union avec lui, parce qu'elle
s'accommoda à l'inclination qu'il avoit
pour la folitude. Cette gêne ne fut pas
longue, il avoit époufé Louife à l'âge
de douze ans, & la laiffa veuve & mere
de deux enfans à l'âge de dix-fept ans.
Ses deux enfans furent François, Comte d'Angoulême & Marguerite. Le premier fut Roi de France, & l'autre Reine
de Navarre ; elle nomma, dit on, le fils
François (1), parce que s'ennuyant de

1493.

Chappot.

---

(1) Cette réflexion pourroit bien être celle
d'un Ecrivain qui ne cherche qu'à multiplier
les faits ; où il faut que Louife fut impatiente,
car elle étoit groffe de fon premier enfant à

n'avoir point d'enfans, ce qui pouvoit venir de ſa trop grande jeuneſſe, elle eut recours au bienheureux François de Paule, & promit d'appeller ſon premier fils François, ſi elle pouvoit obtenir par ſes prieres, des enfans.

Après la mort de ſon mari, Louiſe ſortit de ſa retraite, & parut à la Cour comme Comteſſe d'Angoulême. Outre les avantages de ce rang, elle en tira bien plus de ſa beauté, de ſon eſprit. Louis XII. la reçut avec toute la diſtinction dûe à la premiere Princeſſe du Sang & à la mere de l'héritier de la Couronne. Ce titre fit que la Reine Anne de Bretagne ne la regarda pas de même, parce qu'elle n'avoit qu'une fille. Elle voyoit d'aſſez loin pour juger qu'une femme qui devoit être mere du Roi au-

____

†âge de quatorze ans, ce fut de Marguerite qui avoit trois ans lorſque ſon pere mourut : dix-huit mois après elle mit au monde Fran-çois I.

roit bientôt tous les Courtifans pour
elle ; car l'intérêt, à la Cour comme ailleurs, regle toutes les démarches. D'ailleurs Louife s'étant apperçue du chagrin
de la Reine, fe montra auffi fiere qu'elle, & bientôt toutes deux s'imaginerent
ne fe rien devoir. La Reine ne la regarda que comme une Sujette, & la Comteffe que comme une égale, voulant vivre avec elle dans la familiarité de deux
meres dont les enfans veulent s'époufer ;
car à la priere de l'affemblée des Etats
tenus à Tours, le Roi rompit la promeffe qu'il avoit faite par les Traités de
Trente & de Blois, de donner Claude
de France fa fille à Charles de Luxembourg, connu dans la fuite fous le nom
de Charles-Quint, & pour les fatisfaire,
promit de la faire époufer au Comte
d'Angoulême ; afin que le Duché de
Bretagne dont Claude étoit héritiere, ne
fortît point de la Maifon de France.
Malgré cette union, les deux Princeffes

ne voulurent rien rabattre de leur fierté
ni se céder. La Comtesse n'avoit pas assez l'usage de la Cour pour penser qu'elle devoit au moins les dehors de bienséance à la Reine. Les égards qu'on avoit
eu pour elle lorsqu'elle tenoit sa petite
Cour à Coignac , l'avoient gâtée. Elle
s'imaginoit qu'elle devoit être par-tout
la même. Il s'éleva entr'elles une antipathie dont les Courtisans ne tarderent
pas à s'appercevoir ; ainsi on vit à la
Cour deux partis qui, cependant ne furent pas égaux , parce que la plûpart des
Courtisans aimerent mieux se contenter
d'un bien présent , & voulurent commencer par joüir. D'ailleurs la Reine
étoit très-jeune , elle pouvoit tenir longtemps , & avoir des enfans mâles. La
disgrace du Marquis de Rohan les rendit prudens. Le Roi étant tombé malade & sans espérance de rétablissement ,
il voulut faire voir à la Reine qu'elle
alloit être comme Sujette : ayant fait

transporter tous ses meubles & joyaux dans son Duché, il les fit saisir en chemin. Le Maréchal n'avoit fait que son devoir; mais le Roi ayant recouvert sa santé, il fut victime de sa politique, d'autant que la Reine étoit implacable dans sa haine. Néanmoins malgré le crédit qu'elle avoit sur l'esprit de son mari, elle ne put jamais faire éloigner la Comtesse de la Cour. Tous les prétextes qu'elle apporta furent inutiles. (1)

____

(1) Un Ecrivain de nos jours prétend avoir trouvé un manuscrit à la Bibliothéque du Roi, par lequel il établit que la disgrace du Maréchal étoit l'ouvrage de Louise de Savoie, comme celui d'Anne de Bretagne, & que ces deux Princesses sont les mobiles du procès criminel qu'on lui fit. Je ne sçais quelle foi on doit au manuscrit, & comme Gayot de Pitaval est le premier qui en ait fait usage, & qu'il n'est pas difficile sur le choix des piéces qui peuvent grossir son ouvrage, je n'ai pas cru devoir donner un démenti à tous nos Historiens. Louise étoit parente du Maréchal, & lui fit du bien. Elle étoit l'ennemie implacable de la Reine. Il suffisoit qu'elle fût d'un parti pour qu'elle épousât le contraire. Voilà ce qui décide contre son avis.

Louise toutefois ayant perdu son principal appui par la disgrace du Maréchal de
Gié, prit le parti de se retirer à Cogniac,
sous prétexte de veiller à l'éducation de
son fils ; mais le Roi l'ayant destiné ouvertement pour sa fille , le fit bientôt
venir à la Cour. Sa mere l'y suivit. Le
Roi voulut réconcilier les deux Princesses , mais il éprouva qu'il est souvent
plus facile de soumettre cent mille hommes que deux femmes. La Reine regardoit la Comtesse comme indigne de son
amitié , & Louise qui croyoit que son
rang devoit la lui avoir acquise, en faisoit trop peu de cas pour la rechercher.
Tout ce que Sa Majesté put obtenir, fut
que leur antipathie n'éclateroit point,
& que la Comtesse songeroit qu'elle devoit le respect à la Reine. Il y a apparence que la Reine se reconcilia depuis
avec elle ; car par son Testament elle la
déclara Tutrice de sa fille. La Religion
put faire un effort dans le dernier temps

de sa vie ; car le Roi pour lui accorder quelque satisfaction, ne voulut jamais lui donner le déplaisir de voir Louise belle-mere de sa fille. Ce ne fut qu'après la mort d'Anne que le mariage fut célebré.

Après la mort de la Reine, le parti de la Comtesse fut le dominant. Le Roi la fit entrer dans son Conseil. Elle y trouva une rivale qui fut obligée de lui céder la place, c'étoit l'illustre Anne de Beaujeu, Duchesse de Bourbon, qui s'en vengea en faisant épouser Susanne, sa fille unique au Comte de Montpensier, pour qui Madame d'Angoulême soupiroit. La Comtesse ne s'en vengea de son côté qu'en donnant sa fille au Duc d'Alençon, à qui la Princesse de Bourbon étoit promise. Le Duc d'Alençon en eut le profit ; car Louise ignoroit qu'elle servoit la passion du Duc qui avoit toujours aimé sa fille, sans oser le témoigner.

Peu après la Comtesse devint comme

maîtresse de leur sort par l'avénement de son fils à la Couronne. Elle se ressentit de cette faveur. Le nouveau Roi lui donna le Duché d'Anjou , le Comté du Maine, & érigea pour elle en Duché - Pairie le Comté d'Angoulême : ce qui devoit faire un grand plaisir à Louise qui aimoit la dépense & n'étoit pas riche ; car elle n'avoit eu que trente - cinq mille livres de dot & trois mille de douaire. Que les temps sont différens ! mais Louise regarda cela comme peu de chose , tant qu'il y manqua : elle aimoit, & ne pouvoit jouir. Elle n'avoit pu traverser le mariage de Montpensier. Elle crut que la vengeance qu'elle avoit tirée en suscitant des ennemis à la Maison de Bourbon , amortiroit sa passion ; mais elle étoit trop vive, & son tempérament ne la nourrissoit que trop. Elle ne tarda pas à s'appercevoir que son amour augmentoit avec son dépit. Elle ne pouvoit sans honte se rappeller les démarches inutiles qu'elle avoit faites pour se faire aimer ; mais dominée par sa passion , elle s'imagina qu'en en faisant de nouvelles, elles pourroient enfin vaincre l'insensibilité du Comte : elle lui procura l'épée de Connétable , & ne garda aucunes mesures dans ses bienfaits. Montpensier les reçut ; mais loin de donner espérance à la Duchesse , il n'y répondit que par des mépris. Piquée sans être corrigée , elle l'en punit en le privant des droits de sa Charge , & en faisant donner au Duc d'Alençon le commandement de l'avant-garde destiné au Connétable. Le Roi avoit été faire la guerre en Italie, dès qu'il avoit été sur le thrône. Pendant cette expédition Louise avoit été Régente du Royaume. S'étant acquittée dignement de son emploi, cela lui avoit donné une grande authorité sur l'esprit de son fils qui, de plus, l'aimoit beaucoup ; ainsi il lui étoit aussi facile de perdre le Connétable que de l'élever. Elle ne le

fit cependant que peu-à-peu , & après
avoir fait usage de tout ce que peut employer femme qui cherche à plaire & à
vaincre. En bon politique le Connétable eût dû y répondre, s'il ne le vouloit
faire comme amant ; mais il prenoit ,
pour ainsi dire , plaisir à la braver. La
perte du Gouvernement de Milanès, de
ses pensions , de ses apointemens , ne
fit aucune impression sur lui. La Régente saisissoit dans sa conduite tout ce qui
pouvoit le rendre suspect. Elle avoit sçu
colorer si bien tous ces traits de vengeance , que le Roi les regardoit comme des actions de prévoyance , de prudence , & nécessaires selon les circonstances : aussi quoique le Comte connut
de quelle main ces coups partoient , il
avoit été obligé de dissimuler les dehors
n'étant pas pour lui. Sa conduite n'étoit
que blâmable. Nous ne sommes pas
maîtres toujours d'aimer , mais nous le
sommes de ne point insulter qui témoi-

gne avoir de l'amour pour nous. Le Comte devoit au moins regarder les attentions, les bienfaits de la Duchesse comme des politesses qui exigent des retours de bienséance. Louise étoit trop fiére, trop jalouse de son honneur pour lui faire jamais dans le plus fort de sa passion, une proposition qui put l'en faire repentir, & personne n'est si discret qu'une femme qui est en garde, & qui sçait que le cœur ne lui est pas trop favorable. Le Comte étoit marié, ainsi on ne pouvoit lui proposer le mariage comme un moyen qui donne celui de s'expliquer : l'on voit donc qu'il pouvoit à peu de frais satisfaire la Duchesse. La Cour d'ailleurs est un pays où l'on sçait si bien cacher les véritables sentimens du cœur, que le Comte n'est point excusable pour avoir pris le contrepié. Lorsqu'il apprit qu'on l'empêchoit de commander l'avant-garde dans l'expédition de Flandres, dans son premier mouve-

ment de chagrin il dit plusieurs choses
qui donnoient atteinte à l'honneur de la
Duchesse. Il disoit publiquement qu'auprès de Coignac on voyoit des preuves
de son peu de sagesse : c'est qu'il y avoit
un meunier si ressemblant à François I.
qu'on s'y méprenoit. Ces traits malins
plaisent toujours. Celui qui les répandoit ne disoit point que ce meunier eût
pu être plutôt le pere de la Duchesse,
que de son fils ; mais quand il l'eût été ?
le Connétable devoit penser qu'en bles-
sant l'honneur de la mere du Roi, il
blessoit celui de S. M. ; ce qui pouvoit
raisonnablement le faire regarder comme un séditieux, puisqu'on pouvoit dire
qu'il ne cherchoit qu'à révoquer en doute la légitimité de la naissance du Monarque ; mais il n'écoutoit que son dépit : & étoit content, parce qu'il blessoit
la Duchesse par l'endroit le plus sensible;
elle sur-tout qui se vantoit d'avoir passé
son veuvage, quoique jeune & très bel-

le , dans la plus grande continence.
Néanmoins l'amour auroit tout pardonné au Comte , il lui offrit ce pardon.
Louife l'avoit aimé quoique marié, elle
l'aima quoiqu'ingrat, elle ne le lui ca-
cha point. Etant devenu veuf peu après,
elle fentit renaître en elle l'amour que
l'indignation avoit étouffé. Elle lui fit
alors propofer de l'époufer. La propofition pouvoit furprendre : le Connétable
de Bourbon n'avoit que trente-trois ans,
& la Ducheffe d'Angoulême en avoit
quarante-cinq ; mais outre qu'elle avoit
encore toute fa beauté & la fraîcheur du
bel âge, eût-elle eu encore moins d'a-
grémens, la propofition demandoit au
moins quelques réflexions. Par ce mariage le Comte devenoit beau-pere du
Roi, époux d'une femme qui gouver-
noit l'Etat & fon fils, & qui feroit maîtreffe de lui faire plus de bien qu'elle ne
lui avoit fait de mal. Comme l'ambition
dans un cœur comme le fien devoit faire
place

place à l'amour, ses véritables amis lui firent voir ce qu'il gagnoit par ce mariage, & ce qu'il risquoit en le rejettant ; mais le Connétable n'y répondit que par les railleries les plus piquantes. Il faut convenir que la Duchesse choisit mal son négociateur. Ce fut l'Amiral Bonnivet à qui elle confia cette commission. Il avoit sa confiance & celle du Roi ; mais la Princesse ignoroit que l'Amiral qui l'aimoit, portoit ses prétentions jusqu'à ne pas désespérer de l'épouser. Il est inutile après cela de faire remarquer de quelle maniere il s'acquitta de sa commission ; ce fut en rival qui prévoyoit qu'il eût été obligé à ne jamais mettre le pied chez la Duchesse. A l'amour d'ailleurs l'ambition étoit jointe. Il craignit que si ce mariage se faisoit, que toutes les faveurs ne tombassent sur le Connétable. Il prévit qu'il domineroit au Conseil, à la Cour & à l'Armée ; qu'ainsi malgré la faveur du Roi il ne

Tome I.   E

pourroit aller longtemps de pair avec un Prince qu'il ſçavoit être ſon ennemi, l'étant de tous ſes favoris. Il ne falloit pas avoir l'eſprit de l'Amiral pour tâcher de rompre la partie ; puiſque par-là il conſervoit ſa place dans le cœur de la Ducheſſe, ſupplantoit ſon rival à la Cour, au Conſeil, à l'Armée, & ſe flattoit aſſez pour avoir ſon épée de Connétable. Il réuſſit aſſez bien auprès de Bourbon qui ne lui répondit que d'une maniere très-inſultante pour la Ducheſſe : ſans doute que Bonnivet n'adoucit pas la réponſe en la rapportant ; néanmoins elle ne fit point ſur elle toute l'impreſſion qu'il croyoit. Loin de ſe rebuter, elle voulut eſſayer s'il l'épouſeroit par intérêt, ne le voulant point par inclination ; mais ce moyen ne lui réuſſit pas mieux, le Connétable aima mieux riſquer ſa fortune.

La Princeſſe ſe voyant inſultée & mépriſée, alors ne ſongea à rien moins qu'à le dépouiller de tous ſes biens : quand elle n'eût pas eû une apparence de juſtice pour elle, elle étoit aſſurée de pouvoir y prétendre à la faveur de certains termes de chicane uſités dans le Bareau, pour ſoutenir même les mauvaiſes cauſes.

Suſanne de Bourbon avoit, en mourant, cédé tous ſes droits au Comte de Montpenſier ſon mari. Anne de Beaujeu par ſon teſtament, confirma les dernieres volontés de ſa fille ; mais le Chancelier Duprat dit à la Ducheſſe que lorſque Louis II, Duc de Bourbon, avoit marié Jean ſon fils avec Marie fille de Jean, Duc de berri, frere de Charles V, on avoit ſtipulé que le Duc de Berri donneroit à Louis, le Duché d'Auvergne & le Comté de Montpenſier, à condition qu'il céderoit réciproquement les Comtés de Clermont & de Forêt ; & que ſi ſa ligne maſculine venoit à manquer, nos Rois ſeroient ſubſtitués. Telle étoit l'intention du Duc Louis de Bourbon ; mais par l'ignorance ou le défaut d'attention de ceux qui dresserent le contrat, il se trouva que le Duc de Bourbon n'avoit cédé ses biens qu'aux aînés de sa maison, ensorte que les collatéraux nés des cadets étoient exclus de la succession. En agissant de bonne foi, le droit du Connétable paroissoit incontestable ; mais ce n'étoit plus de même en s'en tenant aux termes du contrat. Le Connétable prétendit que la présence du Roi avoit couvert les défauts civils ; mais Duprat prétendit que quand il n'y en auroit aucun, Susanne n'avoit pu engager ses biens, parce qu'elle n'avoit pas l'âge nécessaire ; qu'ainsi tous les biens qui n'étoient pas sujets à réunion au Domaine, devoient appartenir selon le texte de la Loi à Louise de Savoie, qui étoit par sa mere cousine germaine de Susanne & sa plus proche héritiere. Le Connétable se fondoit sur le droit immémorial qui substituoit toujours les biens aux mâles même

les plus éloignés. Cette cause au reste
étoit très-litigieuse. Louise ne risquoit,
rien , & le Connétable risquoit tout ,
parce qu'il étoit possesseur , & qu'il n'é-
toit riche que de ce qu'on lui disputoit.
Elle fut plaidée pour le Connétable , par
l'Avocat Montholon qui fut Garde des
Sceaux ; pour la Duchesse , par Guillaume
Poyet qui monta jusqu'au grade de Chancelier de France : Lifet , Avocat-Général ,
ensuite premier Président , plaida pour le
Roi. Cela occupa les Juges pendant sept
mois. Le Roi leur laissa toute liberté ,
mais sa mere n'omit rien pour se les
rendre favorables ; enfin l'éloquence de
Poyet prévalut sur celle de son adver-
saire Il obtint que les biens seroient
mis en sequestre ; ce qui étoit avoir la
victoire , puisque le Connétable par - là
se trouvoit dépouillé. C'est là en partie
ce qui l'engagea à se révolter , ce qui
fut fort funeste à la France. Le Roi qui
connoissoit l'espéce d'injustice que la

chicane lui faifoit, n'omit rien pour
adoucir fon chagrin, la tendreffe & le
refpect qu'il eut toujours pour fa mere,
le firent toujours adhérer à fes volontés;
mais il lui promit de le dédommager de
ce qu'elle lui faifoit perdre : au refte,
Bourbon eût voulu, il lui étoit fort facile de rendre inutile l'Arrêt du Parlement. La Ducheffe étoit toujours prête
à défarmer ; mais cet efprit fier, hau-
tain, indomptable, aima mieux fe jetter
dans le précipice, que de faire auprès
d'elle pour fa fortune la moindre démarche. Si François I. eût eu la prudence de le prévenir comme il le pouvoit,
étant inftruit de toutes fes intrigues. On
loueroit la Ducheffe de s'être vengée
d'un ingrat & d'un homme qui la mépri-
foit, puifqu'après tout cette vengeance
ne confiftoit qu'à ne lui pas faire une
grace dont il fe rendoit indigne ; mais
les fuites qu'eut fa révolte pour l'Etat,
font caufe qu'on a jetté tout le blâme

fur la mere & le fils. On a penfé que
pour le bien du Royaume il eût fallu
que le Roi eût moins de confiance en
elle, & moins de déférence pour fes
confeils. Elle s'acquit cette authorité fur
fon efprit par la grandeur de fon génie,
& par fon habileté dans le maniment
des affaires. Si elle fit le mal, on doit
dire, à fa louange, qu'elle fçut le réparer.

Le Roi content de fon adminiftra-
tion pendant le premier voyage qu'il
avoit fait en Italie, lui confia de nouveau
le gouvernement de l'Etat, lorfqu'il en 1525.
fit un fecond, fi connu par la perte de
la bataille de Pavie, où le Roi fut fait
prifonnier. Louife qui avoit prévu les
fuites de ce fâcheux accident, avoit plufieurs fois confeillé à fon fils de ne s'y
pas expofer; c'eft le fentiment de Gui-
chardin. Ce fut une bien trifte nouvelle
pour elle : le Roi la lui apprit par ces
mots : *Madame, tout eft perdu hormis*
l'honneur.

E iv

Après les premiers momens qu'elle donna à la douleur, elle ne songea qu'à y remédier. Ce revers de fortune fit voir dans un plus grand jour ses talens. Le Roi fut consterné ; mais sans être abbatu : voyant que l'Empereur vouloit profiter de son état pour lui faire la loi en vainqueur, il manda à sa mere qu'elle fît couronner Roi M. le Dauphin, parce qu'il étoit résolu à rester toute sa vie prisonnier, plutôt que de céder un fleuron de sa Couronne. La Duchesse d'Alençon sa fille qui avoit passé en Espagne, l'ayant instruite de la mauvaise volonté de Charles-Quint, elle ne s'appliqua qu'à rabattre sa fierté. Elle avoit sçu tranquilliser l'Etat ; car après la bataille de Pavie, la France s'étoit trouvée en grands dangers. Le Roi d'Angleterre avoit promis à l'Empereur d'entrer en Picardie, il y avoit à craindre qu'il ne profitât de la consternation où se trouvoit la France, d'autant qu'elle étoit sans

troupes & sans argent : quinze mille
Allemands paysans la menaçoient d'une
invasion prochaine , plusieurs Membres
du Parlement pour faire valoir leur ca-
duc pouvoir , offrirent au Duc de Vendôme , premier Prince du Sang , la Régence de l'Etat. Il falloit commencer
par surmonter tous ces obstacles , avant
de songer à la liberté du Roi. C'est ce
que fit la Régente. Le Duc de Vendôme
eut la générosité de ne vouloir point être
l'auteur de nouveaux troubles , il laissa à
Louise un titre que le Roi lui avoit donné. Elle pourvut à la sûreté des frontie-
res : non-seulement empêcha Henri VIII
d'entrer en France , mais le gagna si bien
qu'elle le détermina à se déclarer contre
l'Empereur , s'il refusoit de rendre la liberté à son fils à des conditions raison-
nables. Elle gagna à force d'argent les
Flamands , pour qu'ils inquiétassent
Charles : elle mit dans ses intérêts le
Pape , les Vénitiens , tous les Princes

d'Italie , en leur repréſentant ce qu'ils
avoient à craindre d'un Prince auſſi puiſ-
ſant que Charles qui , s'ils ne l'arrê-
toient, ſe trouveroit en état de ſubju-
guer l'Italie. Ainſi l'Empereur ſe voyant
ménacé par toute l'Europe , ſe rendit
1526. plus traitable : il rendit la liberté au Roi,
à des conditions à la vérité ſi onéreuſes
que ce Prince proteſta contre ce qu'il
promettoit. Sa mere fut le recevoir à
Andaie, où elle conduiſoit les deux Princes ſes petits-fils qui devoient être don-
nés en ôtage. C'étoit là un habile trait
de la politique de la Régente. L'Empereur lui avoit demandé pour garant du
Traité de Madrid, ou les deux Princes,
ou pluſieurs Seigneurs qu'il lui nomma : n'ayant affaire qu'à une femme , il
croyoit la faire tomber dans le piége ;
mais la Régente fut plus fine que lui.
Elle connut auſſitôt, en liſant la liſte,
qu'il ne lui demandoit ces Seigneurs que
pour ôter à la France tous ſes Capitaines,

& mettre le Roi dans la néceffité d'ac-
quiefcer à tout ce qu'il avoit exigé, parce qu'il fe feroit trouvé fans Généraux,
fans Confeil; ainfi la Régente fit céder
fa tendreffe au bien de l'Etat. Les deux
Princes lui étoient, à la vérité, bien
chers; mais ils étoient fi jeunes qu'on
ne pouvoit tirer d'eux aucun fecours:
elle efpéroit d'ailleurs que l'Empereur
feroit bientôt contraint de les lui renvoyer; car dès que le Roi fut arrivé à
Cogniac, elle lui fit figner la Ligue qu'elle avoit conclue avec le Pape, le Roi
d'Angleterre, les Vénitiens, les Floren-
tins & les Suiffes. Les Ambaffadeurs de
Charles eurent le dépit de la voir publier, lorfqu'ils vinrent demander l'exécution du Traité de Madrid. Par fa conduite la Régente mérita les plus grands
éloges; mais fes ennemis difoient qu'elle auroit pu épargner les maux qu'elle
réparoit. Ils lui reprochoient d'être la
caufe de la défertion du Connétable de

E vj

Bourbon, & d'avoir par-là privé l'Etat d'un des plus grands hommes de guerre qui fût alors en Europe ; mais on peut répondre que le Roi ne manquoit pas de Généraux ; & que Bourbon ne fit rien qui répondît à sa réputation depuis qu'il fut passé au service de l'Empereur, il vint assiéger Marseille, & échoua ; il n'eut part à la bataille de Pavie que comme un autre, & s'il y acquit de la gloire, il ne la dût qu'à la folie de l'Amiral Bonnivet. Il fut ravager l'Italie, & fut tué le 27 de Mai 1527, en voulant prendre Rome. François I. n'eût pas été moins en guerre avec l'Empereur quand le Connétable ne se fût pas révolté ; mais il n'est pas si facile d'excuser la Régente sur la perte du Milanès, dont elle fut en partie cause par sa haine contre le Maréchal de Lautrec, & en détournant les deniers destinés à cette guerre, ce qu'elle fit d'une façon à ne pouvoir être justifiée. Le Roi ayant destiné quatre cens mille écus pour payer les Troupes du

Milanès, donna ordre à de Semblancei, Surintendant des Finances, de les faire tenir au Maréchal de Lautrec. La Régente ne l'ignora point, comme elle n'aimoit point ce Général & qu'elle cherchoit l'occasion de le perdre, elle fut à l'épargne demander elle-même au Surintendant ce qui lui étoit dû de ses pensions & de son douaire. La dissipation que le Roi & elle faisoient de l'argent, avoit mis le Surintendant hors d'état de la satisfaire. Il lui dit qu'il n'avoit que ce qu'on destinoit pour payer les Suisses. La Duchesse le lui demanda, disant qu'elle avoit assez de crédit pour le sauver si on l'inquiétoit, & assez pour le perdre, si elle le refusoit. Semblançai lui remit ce qui lui étoit dû, en recevant ses quittances. Le défaut d'argent, & plus encore les intrigues du Pape & du Cardinal Sion, firent bientôt perdre au Roi le Milanès. Il en fit les plus vifs reproches à Lautrec, qui lui dit qu'il n'avoit pu retenir les Suisses à son service, n'ayant point d'argent depuis longtemps à leur donner. Le Roi lui demanda ce qu'il avoit fait de quatre cens mille écus qu'il lui avoit envoyés, Lautrec répondit qu'il avoit reçu les lettres, mais non l'argent. Aussitôt Sa Majesté fut trouver Semblançai qui lui dit qu'il l'avoit remis à Madame. Le Roi se rendit chez sa mere, & lui reprocha amérement de lui avoir causé une perte irréparable. Elle répondit froidement qu'elle ne sçavoit pas de quoi il s'agissoit, on fit venir le Surintendant, Louise lui soutint de n'avoir reçu de lui d'autre argent que celui qu'elle lui avoit confié en dépôt. Semblançai ayant des quittances, croyoit pouvoir aisément la convaincre du contraire ; mais il n'eut pas parlé avec tant d'assurance, s'il eût sçu que Gentil, premier Commis de l'Epargne, avoit acheté la faveur de la Duchesse en lui remettant les quittances, & en le trahissant. On lui donna des Commissaires. Il dis-

puta sa vie pendant cinq ans ; pendant
cet intervalle survint la perte de la bataille de Pavie, suite de celle du Milanès, cela aigrit le Roi contre lui ; comme presque tous ses ennemis étoient ses
juges, ne pouvant montrer des preuves
justificatives , il fut condamné à être
pendu ; ce qui fut exécuté le 9 Août
1527, pour récompense d'avoir manié
les Finances , sans reproches , pendant
cinquante ans. Le Pere Daniel qui, parce qu'il n'a pas trouvé dans les Ecrivains
qu'il a suivis la circonstance de la quittance dérobée par Gentil, répond à ceux
qui la citent que c'est un conte : je le
voudrois pour l'honneur de Louise de
Savoie ; mais le fait est avéré. Neuf ans
après la fourbe fut découverte, & Gentil qui avoit eu pour récompense de sa
trahison une charge de Président au Parlement , fut , comme il le méritoit,
pendu à son tour. Bèze dans son Epita-

phe, (1) fait mention de son crime & de sa punition, ce que Marot, Valet-de-chambre de François I. confirme par ces trois vers :

(La Fortune) sécretement me filoit une corde
Qu'un de mes cerfs pour sauver ma jeunesse,
A mis au col de ma blanche vieillesse.

Elegie 22.

La mort de Semblançai & les circonstances qui l'accompagnent sont un vilain trait pour le tableau de Louise de Savoie. On reconnoît là une femme

---

(1) » Celui que tu vois suspendu à ce gibet, » & dont le corps est devenu le jouet des » vents, a occupé autrefois une des premieres » places du Bareau. Mais hélas ! jusqu'où por-» te-t'on le crime & la scéleratesse : ce Ma-» gistrat se laissant entraîner à l'insatiable » passion des richesses, n'a plus d'égard pour » l'innocent que pour le coupable ; aussi par » un juste retour de la vengeance divine celui » qui, pendant tant d'années siégea si mal, est » contraint à sa mort de se tenir de bout, dans » une posture fort incommode. «

vindicative, avare, fourbe, violente, fiere, impérieuse, & qui sacrifie le bien de l'Etat lorsqu'il faut satisfaire une passion. En épluchant sa conduite, tous ces traits se font remarquer dans le cours de sa vie, & lui ont fait perdre le mérite de ses plus belles actions & des grands services qu'elle rendit à l'Etat ; car elle eut encore la gloire de lui donner la paix par le Traité de Cambrai, qu'elle fut négocier elle-même avec Marguerite d'Autriche, (1) Gouvernante des Pays-

1529

---

(1) Cette Princesse, fille de Maximilien d'Autriche & de Marguerite de Bourgogne, en conséquence du Traité d'Arras, fut promise au Dauphin, qui fut Charles VIII. En conséquence elle fut élevée en France, où elle vint à l'âge de quatre ans. Les nôces se firent à Amboise au mois de Juillet 1483. Elle porta le titre de Madame la Dauphine jusqu'en 1493, que le Roi la renvoya pour épouser Anne de Bretagne. Marguerite ne put jamais oublier cet affront, elle donna des preuves de son ressentiment dans toutes les occasions qu'elle trouva ; elle le faisoit d'autant plus volontiers qu'en se satisfaisant, elle vengeoit aussi l'affront

Bas. Ces deux femmes firent voir en cette occafion que les Dames font capables de terminer les affaires les plus épineufes, les plus féches, les plus abftrai-

---

fait à fon pere, puifqu'elle ne fut renvoyée que pour faire place à celle qui étoit fiancée avec lui. En 1497. elle époufa Jean Infant d'Efpagne qui la laiffa veuve dix — huit mois après. Elle fe remaria à Philbert II, Duc de Savoie, avec qui elle ne vécut que quatre ans. Ainfi malheureufe dans tous les mariages, elle repaffa en Flandres pour être Sujette, après avoir été Reine de France & d'Efpagne en efpérance, en 1507. Pour la confoler, fon pere la fit Gouvernante des Pays-Bas : elle conclut en fon nom la Ligue de Cambrai contre les Vénitiens avec le Cardinal d'Amboife. Elle mourut à Malines un an après le Traité de Cambrai, qu'elle venoit de conclure avec Louife de Savoie. Elle fut fort regrettée, aimée & confidérée des peuples qu'on confia à fa conduite. Elle a compofé divers ouvrages en profe & en vers, où elle fait briller fon efprit autant que dans les négociations de Cambrai. Elle donna une preuve bien grande de fa fermeté, lorfqu'elle fut époufer l'Infant. Le vaiffeau qu'elle montoit fut fur le point de périr par une violente tempête. Dans le moment où tous ceux du vaiffeau étoient dans la frayeur

tes, & qui ne femblent être que du ref-
fort des grands politiques , des habiles
négociateurs. Par ce Traité qui fut la
derniere action d'éclat de la Ducheffe ,
l'Empereur fe défiftoit du Duché de
Bourgogne , de Bar-fur-Seine , fans cependant renoncer à fes droits ; promettoit de remettre en liberté les deux fils
du Roi , à condition que ce Prince aban-
donneroit tous les Alliés d'Italie ; paye-
toit douze cens mille écus d'or , rétabli-
roit la mémoire du Connétable de Bourbon , &c.

La Ducheffe après ce Traité conclu
au mois d'Août , revint à la Cour pour

que caufe l'approche de la mort , elle s'amufoit
à faire fon Epitaphe en ces deux vers :

> Ci gît Margot la gentil Damoifelle ,
> Qu'a deux maris , eft encore pucelle.

M. de Fontenelle dans un de fes Dialogues
lui fait demander fi l'Epitaphe n'auroit pas été
faite fur terre. C'eft être indifcret.

tâcher d'en hâter l'exécution. Il falloit de l'argent, l'Etat étant épuisé, & le Roi ne voulant point de nouveau recourir aux impôts, reſſource des Rois, il n'étoit pas facile d'en trouver : heureuſement que le Roi d'Angleterre eut la générosité d'offrir quatre cens mille écus, & de lui donner quittance pour cinq cens mille autres : avec ce ſecours la Ducheſſe eut bientôt la conſolation de revoir ſes petits-fils. Elle ne put en jouir longtemps ainſi que de la paix, qu'elle avoit procurée à la France. Ayant été au mois d'Août de l'année ſuivante à Fontainebleau que le Roi faiſoit bâtir, elle s'y trouva incommodée. Malgré cela elle en voulut partir pour ſe rendre à Romorantin ; mais la violence de la fiévre l'obligea de s'arrêter à Grez, petite ville du Gâtinois : le mal augmenta tellement que bientôt elle apprit qu'il falloit quitter le monde. Elle en fit le ſacrifice, & mourut le 22 de Septembre 1531, à l'âge de cinquante-quatre ans. Son corps fut transporté à Saint-Denis, où il fut inhumé. Voilà tout le bruit que fit la mort d'une femme qui avoit fixé depuis seize ans sur elle, les regards de toute l'Europe, & occupé si longtemps les politiques. A l'exception du Roi qui la regretta sincérement, sa mort ne fit pas plus d'impression sur les esprits que celle d'un simple particulier : chacun parla d'elle selon ses intérêts : en général on convint que les maux qu'elle avoit causés à la France, étoient supérieurs aux biens qu'elle en avoit reçus : qu'il eût fallu qu'elle fut morte ou quinze ans plutôt ou quinze ans plus tard. Dans les circonstances où le Roi étoit, il est certain qu'il fit une perte réelle. La paix qu'elle avoit procuré à l'Etat, donna le moyen au Peuple de se remettre ; mais il falloit quelque chose de plus pour qu'elle devînt avantageuse au peuple. Le

Roi étoit trop franc pour n'être pas duppe de la politique de Charles-Quint. Sa mere, en bonne politique & en femme qui ne se piqua pas toujours de sincérité, ne se fioit pas assez aux dehors pour s'y reposer entierement. Elle connoissoit assez Charles-Quint pour croire qu'il n'attrapoit pas, que lorsqu'il trouvoit plus fin que lui. D'ailleurs la Duchesse avoit l'expérience, & s'étoit instruite par ses fautes. Le feu des passions étoit amorti en elle : elle étoit pour lors très-propre à modérer celui des autres, & sûrement si elle eût vécu lorsque l'Empereur passa par la France, le Roi n'eût pas été duppe de ce Prince, comme il le fut. Elle lui eût fait recouvrer le Duché de Milan dont elle pouvoit se reprocher la perte. Malgré ses défauts qui furent très-grands, & qui en ont empêché plusieurs de faire attention à ses vertus, elle trouvera encore des partisans qui

excuseront son antipathie pour la Reine
de Bretagne sur l'aversion réciproque de
cette Princesse, & la perte du Connétable de Bourbon sur l'amour méprisé qui
ne permet point aux femmes de délibé-
rer, lorsqu'elles peuvent se venger.
Quoique trop susceptible d'amour pour
qu'on la crût aussi reguliere qu'elle vouloit le paroître, ce seroit témérité de flé-
trir la réputation, puisque la malignité
n'a pu que laisser des soupçons qu'un
honnête homme rejette ; parce qu'il n'y
a qu'un libertin qui suppose à toutes les
femmes les défauts de quelques-unes,
& qui porte souvent la débauche jusqu'à
les mépriser. Je n'écris ni des satyres, ni
des éloges ; aussi dirai-je qu'il y en a qui
ont poussé la flatterie au dernier point,
en mettant en doute si sa patrie ou la
France ou le monde entier lui sont plus
obligés ; ce qui a fait le sujet de cette
Epitaphe que François Olivier, alors
Chancelier d'Alençon, & depuis Chan-

celier de France, fit pour cette Princesse.
La voici :

Isto quiescens allobrox sub marmore
Loisa, patriæ præcipuum Decus suæ
Et Galliarum splendor ac mundi Decus;
Noscitur illi patria plùs ne debeat
Tellus, an orbis vastiis an ipsa Gallia.

Ce que le Pere Lacoste qui vivoit sous
Louis XIII. paraphrase ainsi, ce que je
rapporte non comme un modèle, mais
pour faire connoître un Ecrivain qui a
consacré sa plume à faire l'éloge de quelques Dames.

» La Savoie, pour avoir eu l'honneur
» d'être mere d'une si rare Princesse;
» la France, pour lui avoir donné un Roi
» François; le monde, pour lui avoir
» fait voir le plus grand des Monar-
» ques; la Savoie, pour l'avoir mainte-
» nue par une incroyable sagesse contre
» les efforts des malins & envieux; la
» France, pour avoir ressenti deux fois
» les

» les effets d'une très-sage & moderée
» Regente ; le monde, pour lui avoir
» apporté une paix universelle ; la Sa-
» voie, pour avoir singulierement aimé
» ses Princes ; la France, pour avoir sçu
» mettre le clou à la roue du précipice
» dans lequel elle alloit s'abîmer ; le
» monde pour lui avoir sauvé son œil,
» je dis le Royaume de France. La Sa-
» voie, le Monde & la France connu-
» rent par sa mort combien ils devoient
» à sa vie. La premiere, en la perdant,
» se perdit ; la seconde perdit son arbi-
» tre, & la troisiéme, sa paix. «

La Duchesse ayant cultivé & protégé les Lettres, bien des Sçavans de son temps ornerent de fleurs le tombeau de leur bienfaitrice. Elles lui étoient juste-ment dûes. Elle montra beaucoup de zèle pour la Religion : elle fonda les Mi-nimes de Chatelleraut, de Plessis-les-Tours, poursuivit la Canonisation du bienheureux François de Paule, & sur-

Tome I.

tout celle de Jean d'Orléans, Comte d'Angoulême, pere de son mari. Le Pape avoit nommé Antoine d'Estain, Evêque d'Angoulême, pour faire les informations ; mais la mort de Louise de Savoie, les démêlés de la France avec la Cour de Rome, rendirent les commencemens inutiles. Le livre qu'on a qui traite de ses vertus & de ses miracles nous apprennent qu'il étoit digne d'avoir place dans le catalogue des Saints, ce qui ne s'obtient plus qu'avec de grands frais.

Louise avoit pour Devise, ainsi que François I, une salamande, autour de laquelle on lisoit, *nutrisquo & extinquo,* je m'en nourris & je l'éteins. On sçait que des Naturalistes ou plutôt la Fable attribue à cet animal la vertu de vivre au milieu du feu, & de s'en nourrir.

DIANE DE POITIERS,

Duchesse de Valentinois.

Diane étoit fille de Jean de Poitiers, (1) Seigneur de Saint-Vallier, confident du Connétable de Bourbon & de Jeanne de Batarnai. Le premier usage qu'elle fit de ses charmes, fut pour sauver la vie à son pere, condamné à avoir la tête

(1) La Maison de Poitiers est des plus anciennes de la France. Quelques-uns prétendent qu'elle est issue des anciens Comtes de Poitiers. Saint-Vallier ne profita guères de la grace que François I. lui fit de la vie. L'arrêt de sa mort l'avoit si frappé, que la générosité du Roi ne put le guérir d'une fiévre qu'il avoit, & qui le mit peu de mois après au tombeau. Ce qui n'est point cependant certain ; car trois ans après, en 1527, le Roi lui donna des Lettres de restitution de grace d'abolition & de rappel. Elles sont adressées à lui. Il me semble qu'on ne donne point de Lettres de rappel aux morts. Leur exil est éternel. Saint-Vallier étoit Chevalier de l'Ordre.

tranchée, comme complice de la révolte
du Connétable. A ce sujet les Calvinistes qui furent toujours ennemis d'elle,
parce qu'elle leur fut toujours opposée,
ont affecté d'écrire que pour sauver la
vie à son pere, elle fut obligée de sacrifier sa virginité, à François I. D'autres
Calvinistes disent que ce fut au Connétable de Montmorenci qu'elle se prosti-
tua. Comme ils varient dans une circonstance aussi nécessaire, cela suffit pour
les rendre suspects, il est certain que
pour inventer cette espèce de fable, il
falloit nommer le Roi ou son favori. Ce
sont là de ces faits qu'il est très-aisé de
rapporter, faciles à faire croire à ceux
qui sont portés à croire le mal ; mais
pour les gens sensés, quoiqu'ils regar-
dent la chose comme possible, ils ne la
croyent pas sans preuves, parce qu'ils
sçavent, qu'en pareil cas, on n'appelle
point de témoins, & que les parties in-
téressées gardent le sécret. D'ailleurs au-

cun Catholique, quoiqu'elle ait eu plusieurs ennemis parmi eux, ne lui a jamais fait ce reproche. Tous nos Ecrivains l'ont refuté, sans cependant apporter d'autres preuves, que l'antipathie
des Calvinistes pour elle. L'on sçait qu'il
n'est pas possible de refuter des faits que
la malice seule suggére. Les Calvinistes
l'ont portée à ce sujet jusqu'à jetter dans
la chambre de Henri II. un écrit san-
glant, dans lequel on rappelloit l'impré-
cation de Jacob, contre Ruben pour pareil sujet. D'autres Ecrivains lui ont été
plus favorables. Ils ont prétendu que
Henri II, comme il le disoit souvent,
n'avoit eu pour elle que de l'amitié. Il
est vrai que ce Roi pour le faire croire,
fit frapper une monnoie, où d'un côté
étoit le buste de Diane de Poitiers, avec
cette inscription : *Diana, Dux Valen-*
tinorum clarissima. Au revers elle étoit
habillée en chasseuse, foulant aux pieds
l'amour ; on lisoit, *omnium victorem fe-*

ci (1). Je ne voudrois pas dire que cette apologie fut suffisante, & personne n'est obligé de la croire, puisque contre l'apparence, on ne fait qu'objecter qu'elle n'eut point d'enfant de Henri II. Au reste, quoiqu'il en soit; l'amirié avoit causé son malheur, elle se réunit avec l'amour pour faire sa fortune; car il est certain que Henri II. eut pour elle plus d'amitié que d'amour. (2) L'une avec le temps se fortifie, l'autre avec le temps

---

(1) Diane, l'illustre Duchesse de Valentinois, a vaincu le vainqueur de tous.

(2) On ne peut fixer le temps où Henri II. commença à l'aimer. Je crois qu'il n'a pas pu l'aimer avant 1535, sans autre preuve que de l'âge de Henri II. qui, pour lors, n'avoit que dix-sept ans. On peut même dire le contraire; car il est certain qu'en 1536, le Dauphin avoit une autre maîtresse, dont il eut une fille qui fut Diane, Duchesse d'Angoulême. Elle nâquit en 1538 ou 39. Le nom de Diane me fait pourtant soupçonner qu'il connoissoit alors Diane de Brezé. On peut fixer l'époque de sa naissance vers 1499 ou 1500; ainsi elle avoit environ vingt ans plus que M. le Dauphin.

s'use, sur-tout lorsqu'on est aussi âgée
qu'étoit la Duchesse. Cependant quoique dans un âge fort avancée, elle con-
serva toujours sa plus grande beauté :
l'on peut dire d'elle que l'âge l'a perfec-
tionée. On ne peut dire précisément
quel âge elle avoit. Varillas dit qu'elle
captivoit Henri II, quoiqu'ayant soixan-
te-dix ans, ce qui n'est pas croyable, &
même ce qui est faux. Il faudroit sup-
poser qu'elle avoit cinquante ans lorsqu'elle commença à être maîtresse du
Dauphin Henri, & qu'elle ne fût mariée au plutôt qu'à quarante-deux ans ;
car l'on convient qu'elle étoit fille lorsqu'elle obtint la grace de son pere ; ce
qui arriva environ vers 1526. Henri II
ne la prit pour maîtresse environ qu'en
1535, ayant pour lors dix-sept ans. Se-
roit-il possible qu'un jeune Prince eut
pris pour maîtresse une femme qui avoit
trois fois son âge. Quoique nos Historiens conviennent qu'elle étoit dans un

F iv

âge avancé, je crois qu'on ne doit point prendre ce terme en rigueur, puisque cela se dit d'une femme qui, à quarante ans, feroit la maîtreffe de quelqu'un. Ainfi je penfe qu'en fuppofant que Diane avoit trente-fix ans lorfqu'elle commença à être la maîtreffe de Henri, l'on peut dire qu'elle étoit dans un âge fort avancé, en la comparant au Prince. Ce fut moins par fa beauté que par fon efprit, qu'elle le fit tomber dans fes filets. Le malheur de fon pere l'avoit fait connoître à la Cour, fon mariage avec Pierre de Brezé, Grand Sénéchal de Normandie, lui donna l'entrée & l'occafion d'y paroître avec éclat ; car la Maifon de Brezé étoit fort ancienne. Elle n'étoit pas cependant pour lors alliée à la Maifon de Maillé-Brezé, ce Pierre Brezé étoit de l'ancienne Maifon de Brezé en Normandie ; l'héritiere de cette Maifon en porta le nom dans la Maifon de Brezé, qui fut éteinte par la mort de la fem-

Ou Louis.

me du Grand Condé. Anne de Poitiers ne fut connue à la Cour, jufqu'au regne de François II, que fous le nom de Sénéchale de Normandie. Le Prince l'aima longtemps fans faire connoître fa paffion du moins au public. Ce ne fut que l'afcendant qu'elle prit fur fon efprit qui la décéla. Dès lors la Sénéchale trouva le moyen de former un parti capable de tenir tête à la Ducheffe d'Etampes. Ces deux partis ne tarderent pas à divifer la Cour. Il fuffifoit que l'un fut d'un fentiment, pour que l'autre lui fût oppofé. La Ducheffe d'Etampes, par cette feule raifon, prit le parti du Duc d'Orléans, parce que la Sénéchale tenoit celui du Dauphin, fon amant. La Sénéchale étoit cependant la plus redoutable, puifque François I. mort, elle devenoit maîtreffe du fort de la Ducheffe. Au contraire la Ducheffe ne pouvoit, au plus, que faire éloigner la Sénéchale de la Cour; en ce cas elle fe fut attiré la colere du

Dauphin. C'étoit ce motif qui faisoit préférer à plusieurs le parti de la Séné-chale : à la vérité il n'étoit pas le plus brillant ; mais il étoit le plus certain, puisqu'il devoit un jour terrasser l'autre ; & c'est ce qui arriva en 1547, que mou-rut François I.

1547.   Cette mort exposa la Duchesse d'E-tampes à la discrétion entiere de la Sé-néchale. La Duchesse s'y attendoit si bien qu'elle se regarda comme perdue, d'au-tant qu'elle se vit abandonnée de toute la Cour, qui regarda sa perte comme certaine, & qu'elle crut qu'en implorant le secours de la Sénéchale, qu'elle ne feroit qu'avancer sa perte, tant elle la connoissoit pour lui être opposée. La Sénéchale trompa toute la Cour : soit pitié, soit mouvement de religion ou d'héroïsme, dès qu'elle vit qu'il étoit dans son pouvoir de la maltraiter, elle en perdit l'envie. Quelque motif qui l'ait fait agir, on ne peut trop la louer,

puisqu'elle est, je crois, la seule femme 1547.
qui ait pardonné dans une semblable
conjoncture. Elle la laissa jouir en paix
de ses grands biens, & montra pour son
souvenir tant d'indifférence, qu'on eût dit
qu'elle ne l'eût jamais connue. Il auroit
été à souhaiter qu'elle eût tenu la même
conduite envers l'Amiral Annebaut, le
Cardinal de Tournon, & plusieurs autres. Il faut cependant convenir qu'elle
n'eut pas seule part au bouleversement
qui se fit à la Cour à l'avénement de
Henri II. La Sénéchale sçachant que l'a-
mitié avoit précédé l'amour dans le cœur
de Henri II, pensa que si le favori lui
étoit opposée, qu'elle employeroit envain ses charmes & son esprit pour se
maintenir dans le cœur du Prince. Elle
ne voulut pas cependant d'abord faire
les avances ; mais elle voulut lui opposer
un parti si puissant, qu'il seroit dans la
nécessité de la rechercher, ou du moins
de ne rien entreprendre contre elle : ce

F vj

parti étoit celui des Guises. Elle étoit
assurée qu’en les insinuant dans les bonnes graces du Roi, qu’ils ne la quitte-
roient jamais pour aller fortifier le parti
du Connétable Montmorenci, parce que
les Guises lui attribuoient d’avoir con-
seillé à François I. de les abaisser. Conseil
qu’on ne pardonna jamais, quoiqu’on ne
l’ait pas suivi. S’il ne le fut pas, ils en furent redevable à la Sénéchale, puisque
François I. avoit confié ce soin à Henri II.
qui avoit intérêt d’obéir. La Sénéchale
ayant jetté les yeux sur ces Princes, commença à gagner le Cardinal de Lorraine,
frere du Prince de Joinville & du Duc
d’Aumale. Le Cardinal, dévoré par le désir de gouverner, fit presque toutes les
avances, & s’unit si fortement à la Sénéchale, que dès qu’elle le vit au point
où elle souhaitoit, elle lui proposa pour
rendre l’union durable, de faire épouser
au Prince de Joinville sa fille aînée. Le
Cardinal y consentit volontiers, parce

que cette alliance n'étoit inégale, que sup-
posé l'usage des Princes de Lorraine, de
n'épouser que des Princesses, la faveur
de la Duchesse levoit cet obstacle. Obstacle qui n'arrêta point le Prince de Condé, lorsqu'on lui proposa l'héritiere de
cette Maison.

Le Cardinal de Lorraine crut que son
frere consentiroit à ce mariage sans hé-
siter ; mais Joinville voulut avant consulter Chatillon son ami, & qui fut depuis Amiral. Chatillon, dit-on, prévit
que ce mariage ruineroit le Connétable,
ou selon d'autres animé du point d'honneur, il lui dit qu'il ne devoit pas souf-
frir qu'on lui reprochât un jour d'avoir
souillé le Sang de sa Maison. Joinville
le crut, & ne voulut plus en entendre
parler. Ce fut cependant cette réponse,
comme j'ai fait remarquer ailleurs, qui
rendit le Duc de Guise & l'Amiral, ennemis irréconciliables.

La Sénéchale punit le Prince de Join-

1548. ville de sa faute en l'abandonnant, & en lui témoignant une indifférence qui toucha si fort le Prince, que dès lors il pensa que Chatillon ne lui avoit donné cet avis que pour ruiner sa fortune. Il n'y pouvoit plus remedier, parce qu'il s'étoit aussitôt marié avec Anne d'Est. Le Cardinal craignant de s'en ressentir, tâcha de réparer la faute : il n'étoit pas facile ; car Diane n'étoit pas moins fiere qu'ambitieuse, elle étoit de la Maison de Poitiers, qu'on disoit avoir été autrefois souveraine ; ainsi elle vouloit punir le Prince de Joinville d'avoir méprisé son alliance. Le Cardinal vouloit l'appaiser, en lui proposant le Comte d'Aumale ; mais c'étoit un cadet, & par conséquent s'exposer à choquer de nouveau la Sénéchale. Le Cardinal prévit tout ; mais en homme habile il remédia à tout. Il sçavoit qu'elle n'auroit pas aimé recevoir la loi de son gendre ; ainsi il lui dit que Joinville n'auroit point été son fait,

parce que le bien qu'elle lui auroit fait,
auroit été regardé comme une compen-
sation du sacrifice qu'il compteroit avoir
fait, & que si elle vouloit prévenir cet
inconvénient, qu'elle devoit donner
pour mari à sa fille un homme qui lui
dût entierement sa fortune : qu'elle avoit
assez de bien pour cela, & que la nécessité où il se trouveroit, l'obligeroit à dé-
pendre entierement d'elle. Voyant que
la Sénéchale goûtoit ce conseil, il lui
proposa son frere le Comte d'Aumale,
& le lui dépeignit comme un jeune Prince à qui il ne manquoit que du crédit &
de l'expérience pour devenir un grand
Capitaine. La Sénéchale, à son tour, témoigna beaucoup d'indifférence pour
cette alliance. Le Cardinal ne se rebuta
pas, il retourna à la charge si souvent,
qu'elle consentit à prendre un gendre qui
n'eût que la naissance, la cappe & l'épée.
Le Cardinal fit passer le contrat avec tant
d'avantage, que le Duc d'Aumale re-

cueillit la plus grande partie de la riche
succeſſion de ſa belle-mere. La Maiſon
des Guiſes ne fut pas longtemps recon-
noiſſante du ſacrifice que la Sénéchale
avoit fait, il ne tint pas à ces Princes
qu'elle ne ſuccombât. Elle prouva peu
après au public qu'elle avoit ſacrifié ſes
intérêts pour leur complaire ; car quoique ſa ſeconde fille fût recherchée par
pluſieurs favoris du Roi, elle s'expliqua
aſſez hautement pour leur faire entendre
qu'elle vouloit un Prince. En effet, elle
ne la donna qu'au fils aîné d'une Maiſon
ſouveraine ; ſçavoir le fils du Maréchal
de Fleuranges, Prince de Sedan. En faveur de ce mariage, la Sénéchale lui fit
rendre pluſieurs Terres dont l'Empereur
Charles V. s'étoit emparé, & lui procura le titre de Duc & Pair. Ces alliances
firent connoître au Connétable qu'il ten-
teroit envain de la vouloir faire décheoir.

Voyant qu'elle ne ſongeoit qu'à ſe
défendre, & non à l'attaquer, ils con-

fentirent mutuellement à partager la
confiance du Roi. Malgré ces précautions, la Sénéchale fe fit des ennemis ;
les uns le furent fans fçavoir pourquoi,
d'autres à caufe des libéralités que le Roi
lui faifoit. En effet, celle que S. M. lui
fit dans la premiere année de fon regne
fit beaucoup murmurer. Pour lors tous
les Officiers de France étoient obligés,
à l'avénement de chaque Roi, de fe faire
de nouveau confirmer dans leurs offices,
Henri II. accorda à fa maîtreffe l'argent
qui en revenoit. Cette libéralité fut ex-
ceffive, & l'on en murmura d'autant
plus que François I, en pareil cas, avoit
choifi fa mere, la comparaifon choqua,
mais on s'appaifa lorfqu'on vit la Sénéchale employer cette fomme à faire vivre des milliers de gens, en faifant bâtir
la fuperbe maifon d'Anet. Elle n'appaifa
pas fi aifément ceux dont elle caufa la
difgrace. Comme le Connétable y gagnoit davantage, le public les lui attri-

bua. Au reste, il falloit le crédit de tous les deux pour consommer une affaire qui ternira toujours le regne de Henri II : je veux dire la disgrace de l'Amiral Annebaut, homme d'une probité irréprochable. Le Connétable ne le fit éloigner du Conseil, ainsi que le Cardinal de Tournon, que parce qu'ils paroissoient trop bien intentionnés. La Sénéchale contribua particulierement à la disgrace de Baiard, Sécretaire d'Etat, homme dont les railleries l'ont fait connoître par toute l'Europe. Elle fit aussi ôter les deniers royaux des mains du Trésorier Vallée pour les mettre dans celles de Leblond, dévoué à ses intérêts. En un mot, de concert avec le Connétable, elle fit renvoyer tous ceux qui lui étoient suspects, & composa à sa fantaisie le Conseil du Roi. Il n'y eut que le Chancelier Olivier qui ne pût leur donner prise.

La Sénéchale ne traversa point non plus Catherine de Médicis, femme de Henri II.

De Thou.

Cette artificieuse Reine sçut si bien dissimuler, que jamais il ne lui échappa le
moindre ressentiment à l'extérieur; même
elle parut toujours agir de concert avec la
Sénéchale. Aussi informée par le Roi, que
Catherine ne s'étoit jamais ingerée de
lui rendre de mauvais office, elle la laissa vivre à son gré, & fut charmée qu'elle occupât une place qu'elle méritoit par
sa patience. (1)

Si le Sénéchale en supplanta plusieurs,
elle eut soin de faire remplir les places
par des gens dont elle fut assurée. Elle
étoit appuyée du Cardinal de Lorraine
qui lui devoit autant qu'à son habileté. 1549.
Ce fut-elle qui l'aida à déguiser au Roi
les mauvais offices qu'il avoit rendu à la
France, dans l'élection de Jules III. Mais
elle craignoit toujours le Connétable :
car quoique le Roi lui eût donné de
nouvelles preuves d'affection en la faisant Duchesse de Valentinois, elle ne

____

(1) Voyez Vie de Catherine de Médicis. 1550.

voyoit qu'avec chagrin que le Connétable prît les mêmes précautions qu'elle ;
fçavoir de remplir de fes créatures les
charges vacantes, ce qui lui étoit plus
facile, parce qu'il étoit fouvent le premier averti. Le Cardinal de Lorraine
lui confeilla pour n'être pas la duppe,
de n'attendre pas que les charges vacaf-
fent pour en difpofer. Elle pratiqua ce
confeil à l'égard de Bertrandi, qu'elle
fit premier Préfident au Parlement de
Paris par la démiffion du Préfident Lifet.
Cela lui fit tenter la difgrace du Chancelier Olivier, elle ne pouvoit fouffrir
fa fermeté & les oppofitions qu'il faifoit
aux graces qu'on lui accordoit ; elle ne
put le perdre entierement, mais elle en
fit affez pour lui faire ôter les Sceaux,
qu'elle fit donner à Bertrandi, à condition
qu'il remettroit fa charge de premier Préfident, pour qu'elle en difpofât.

La Ducheffe peu-après fut attaquée
par un endroit qui eût pu renverfer tout

autre. Elle aimoit paſſionnément Charles de Coſſé, Comte de Briſſac. (1) Les
ſurveillans tâcherent de profiter de l'occaſion pour la ruiner dans l'eſprit du
Roi : malgré ce qu'on lui en dit, il n'en
conçut aucune jalouſie, loin que ces
bruits nuiſiſſent à Briſſac, ils firent ſa
fortune. La Ducheſſe lui procura le Gouvernement de Piémont, & le bâton de
Maréchal de France : par-là elle prouva
qu'elle n'avoit que de l'amitié pour Briſſac, puiſqu'en l'éloignant elle ſacrifia à ſa
fortune ſon propre plaiſir. La politique

---

(1) Celui qui répandit ce bruit, fut de Taïs,
Grand-Maître d'Artillerie, qui étoit fort libre
en paroles. Pendant le regne de François I, il
avoit trouvé des approbateurs, & ſon imprudence fut négligée ; mais dès que la Sénéchale
vit Henri II. ſur le thrône, elle lui demanda
vengeance de l'injure que de Taïs lui avoit
faite. Quoiqu'il fût d'ailleurs irréprochable,
on lui ôta ſa charge, & on l'envoya paſſer le
reſte de ſes jours dans ſa maiſon de campagne :
ce qui lui fut fort inſupportable de l'humeur
dont il étoit. Outre cela on ne le dépouilla que
pour revêtir Briſſac.

pût aussi y avoir part, puisqu'en envoyant Brissac au de-là des monts, elle faisoit cesser les mauvais discours.

1552.   Ce fut en 1 5 5 2. que la Duchesse montra jusqu'à quel point elle possedoit la vertu de s'accommoder à tout. Catherine de Médicis ayant accompagné le Roi jusques sur la frontiere de Lorraine, fut malade d'une esquinancie qui la mit à deux doigts de la mort, & si elle lui échappa, elle le dut en partie aux soins que la Duchesse eut pour elle; car quoiqu'elle n'aima pas la Reine, par la seule raison qu'elle sçavoit qu'elle n'en devoit pas être aimée, personne ne souhaita son rétablissement avec un désir plus sincere. Varillas en donne une raison très-probable, si elle n'est pas vraie. La Reine morte, Henri pouvoit se remarier, & dès-lors une seconde femme pouvoit lui enlever le cœur du Roi, au lieu que la Reine dans son plus beau printems, ne l'avoit pu. Quel que soit

le motif qui l'ait fait agir, les femmes
qui tiennent cette place font toujours
louables lorfqu'elles ne s'oublient point,
& qu'elles rendent à leur maîtreffe
les devoirs dont leur qualité ne les
doit point difpenfer. Quelque forte que
foit la raifon de Varillas, on peut auffitôt dire que la Reine morte, la Ducheffe avoit moins à craindre, parce que le
Roi ayant plufieurs héritiers, elle eût
pu facilement lui prouver l'inutilité d'un
nouveau mariage. Ne pourroit-on pas
auffi dire qu'il étoit pour lors facile à la
Ducheffe de porter fon ambition, jufqu'à fe flatter au moins d'un mariage fé-
cret. Plufieurs qui lui étoient inférieu-
res y ont prétendu. Le Roi ne l'aimoit
guères moins que Henri IV. n'aimoit la
Ducheffe de Beaufort ; Anne de Poitiers
avoit beaucoup plus d'afcendant fur l'efprit de Henri II. que M. de Beaufort
fur celui de Henri IV. De-là, je puis dire qu'il dépend fouvent d'un Ecrivain

de faire d'un particulier, un héros, & d'un héros, un homme ordinaire, sans que pour cela il trahisse la vérité. La maniere de dire une chose fait décider le Lecteur.

Comme les autres contribuent souvent plus à notre disgrace que nous-mêmes, la Duchesse eut soin de n'employer sa faveur que pour ceux qui ne lui attireroient point de reproches ; elle en donna des preuves au sujet du siége de Metz. Elle en eut facilement obtenu le gouvernement pour le Duc d'Aumale ou de Bouillon, ses gendres ; mais elle aimoit trop le premier pour l'exposer à périr, pour le second elle se dit à elle-même qu'il aimoit trop le plaisir, & qu'il n'étoit pas assez vigilant pour être toujours sur pié. Un homme qui aime à dormir n'est pas propre pour défendre une place. Lorsqu'il y avoit quelque chose d'indigne dans une action, elle remontroit sagement au Roi le tort qu'il feroit à sa réputation , s'il la faisoit. On avoit donné

au

au Cardinal de Férare la commiſſion de
prendre la direction des affaires politiques & militaires de Sienne ; Strozi,
parent de Catherine, la demanda quelque temps après à la Reine ; & pour
qu'elle y déterminât le Roi, il la flatta
de l'eſpérance d'une ſouveraineté. La
Ducheſſe ſe joignit au Connétable pour
repréſenter au Roi qu'il avoit aſſez d'o-
bligation à la Maiſon de Férare pour ne
pas faire affront à un Prince qui étoit
entierement dévoué aux intérêts de la
France ; & que ſi un particulier étoit
obligé de garder la parole qu'il donnoit,
qu'un Prince ne la pouvoit violer ſans ſe
deshonorer. Ils ne gagnerent rien ; je
puis ajouter que c'eſt la ſeule fois que
la Reine l'emporta ſur la maîtreſſe & le
favori. Sa Majeſté eut ſujet de s'en repentir. La protection qu'elle accorda à
Briſſac & à Montluc, ſont des preuves
qu'elle connoiſſoit ceux qui pouvoient
ſervir l'Etat. Il n'y eut qu'à l'égard du

Tome I.   G

Duc d'Aumale son gendre qu'elle suivit son inclination : quoiqu'il eût beaucoup de mérite, l'on peut dire qu'elle faisoit plus d'attention à la tendresse qu'elle avoit pour lui qu'à ses vertus, qui, pour paroître, avoient souvent besoin de l'ombre d'autrui. Heureusement qu'il le sçavoit, sans cela il eût pû causer bien des troubles. Lorsque la Duchesse obtint qu'il conduiroit le secours destiné pour le Piémont, elle fit insérer dans ces patentes qu'il pourroit agir indépendamment de Brissac. Celui-ci crut qu'il n'étoit pas bienséant de se plaindre que sa bienfaitrice lui ôtât une portion d'un bien qu'elle lui avoit procuré, il le laissa user de son pouvoir devant Vulpieu, & s'en retourna à Turin pour attendre qu'on le crût nécessaire. Un petit échec que le Duc d'Aumale eut, en fournit l'occasion, & depuis ils agirent toujours de concert.

1556.   On peut cependant lui reprocher d'avoir, à la follicitation du Cardinal de Lorraine, employé tous fes charmes qu'elle confervoit toujours malgré fa vieilleffe pour déterminer le Roi à rompre avec l'Efpagne la trève qu'il avoit faite ; ce qui étoit fort contraire au bien de l'Etat. C'eft à cette rupture qu'on peut attribuer tous les malheurs qui fignalerent la fin du regne de Henri II.

La Ducheffe manqua d'en être la victime ; mais il étoit écrit qu'elle regneroit jufqu'à la mort du Roi. La perte de la bataille de Saint-Quentin la priva de l'appui du Connétable, de l'Amiral de Chatillon, de Saint-André, & de plufieurs autres Courtifans qui refterent entre les mains de l'ennemi. Les Guifes reftés feuls à la Cour, oublierent qu'ils devoient leur fortune à la Ducheffe : pour 1558. la fupplanter plus aifément, le Cardinal de Lorraine promit à Catherine de Médicis que fi elle vouloit confentir au mariage du Dauphin avec fa niéce Reine

d'Ecosse, qu'il tourneroit toutes ses bat-
teries contre la Duchesse. La Reine y
consentit, parce que voyant la Duchesse
sans appui, elle crut sa perte fort facile;
mais elle avoit à faire à une femme qui,
pour lors, connoissoit mieux qu'elle le
manége de la Cour. Dès qu'elle vit l'union
de la Reine avec les Guises, elle en déve-
loppa le mystère. Elle n'avoit que le seul
d'Andelot à qui elle pût faire confidence
de la vengeance qu'elle méditoit contre
les Guises : son gendre ne devoit pas être
moins victime que ses freres ; mais la
Duchesse portoit le scrupule jusqu'à ne
vouloir pas parler aux personnes soup-
çonnées d'héréfie ; d'ailleurs les Guises
lui ôterent bientôt cette ressource. Se
voyant seule de son parti, elle se tint
seulement sur la défensive. Dès que le
Roi fut de retour de sa campagne, elle
mit en jeu toutes les caresses dont une
femme est capable, lorsqu'elle veut sçavoir quelque chose. Elle connut que le

Roi aimoit le Connétable, quoique malheureux, & que sa prison lui avoit fait oublier sa faute. Pour lors elle lui dit tout ce qu'on méditoit contre lui & elle. Le Roi la rassura, en lui promettant de lui donner avis & au Connétable, de tout ce qui se trameroit à leur préjudice; preuve bien grande d'affection. La Duchesse avertit de tout le Connétable qui, sur sa parole, obtint de venir à la Cour de France. Dès qu'il y fut arrivé, il se réunit plus étroitement avec la Duchesse par le mariage de son second fils avec Mademoiselle de Bouillon qui, pour lors, étoit nubile. Ensuite ils travaillerent de concert à faire tomber la Maison de Guise dans le piége qu'elle leur avoit tendu. Ils firent entrer dans leur complot le Maréchal de Saint-André, dont l'adresse étoit nécessaire pour l'opposer à celle du Cardinal de Lorraine. La mort prématurée du Roi les empêcha de consommer l'ouvrage. Les choses change-

rent totalement de face ; Henri II. cherchoit à abaisser les Guises, & François II.
prit plaisir à les élever.

1558.   La Duchesse ayant obtenu que le Connétable travaillât à la paix, elle ne tarda
pas à être conclue, parce qu'on céda
volontiers ce qu'on demandoit. La Cour
ne songea plus qu'à se divertir : ce fut au
V. Henri II. milieu des plaisirs que Henri II. trouva
la mort, par un accident des plus fu-
nestes. Tous ses bons Sujets ressentirent
vivement la perte qu'ils faisoient ; mais
personne ne la ressentit aussi vivement
que la Duchesse. Il est inutile de m'arrêter sur un sujet qu'on comprend mieux
qu'on ne le décrit. L'homme le plus
heureux a senti des revers de cette nature, parce que nous sommes tous mor-
tels. Qu'à la douleur de la perte d'un
ami, on ajoute celle de son crédit,
de sa fortune, de son bonheur ; qu'en
place on entrevoie plus que malheurs,
que disgraces, que perte de biens, d'a-

mis ; qu'on se voie en but à la haine
d'une rivale outragée, & qu'on a contre
le droit supplantée, c'est là de ces pers-
pectives qui font frémir l'esprit le plus
rassuré. La Duchesse ne se flatta point,
& ne diminüa point à ses yeux le danger. Tous les Courtisans lui devoient
leur fortune, mais la reconnoissance de-
meura-t'elle jamais à la Cour : c'étoit la
mettre trop à l'épreuve que de l'exiger
pour une vieille Courtisane. Aussi personne, si l'on en excepte une, mais qui
ne fût pas assez puissante pour se sauver
elle-même du danger, ne se piqua d'honneur, ni de générosité. Plusieurs crurent
qu'ils pouvoient suivre, sans reproche,
l'exemple des Guises qui, quoiqu'elle fût
leur alliée, & qu'elle les eût particulierement comblés de bienfaits, furent les
premiers à l'abandonner. Si leur vengeance n'éclata pas, ce fut parce que le
Duc d'Aumale dit à ses freres qu'il seroit honteux pour lui qu'il fût le bou-

reau de sa belle-mere. Il eut honte que le Cardinal de Lorraine lui dît qu'il falloit effacer de la mémoire des hommes cette alliance qu'il avoit recherchée avec tant de soin, & que puisqu'il n'y avoit plus rien à espérer d'elle, qu'il lui devoit suffire d'en avoir tiré de grands biens, en épousant sa fille, & de s'être fait considérer par les emplois qu'elle lui avoit procuré. Le Duc d'Aumale ne put résister ni acquiescer à leurs sollicitations. La Duchesse se borna à les prier que du moins ils ne poussassent pas la vengeance à l'extrêmité. Le Connétable fut plus reconnoissant, & il le fut seul. Il prévoyoit qu'il seroit obligé pour se maintenir, d'abandonner à la Reine mere la Duchesse ; mais ce procédé lui parut trop noir & trop peu conforme à la probité. Depuis dix-huit ans il avoit toujours vécu en bonne intelligence avec elle ; il avoit fortifié l'amitié qu'ils s'étoient jurés par une alliance toute récente ; elle ne l'avoit point abandonné pendant sa prison, ainsi il jugea qu'il y auroit de l'ingratitude à la sacrifier. (1) Mais malheureusement il ne put lui-même se maintenir ; ainsi son appui étant inutile à la Duchesse de Valentinois, elle eût été perdue si le Duc d'Aumale n'eût représenté que ce seroit faire injure à la mémoire de Henri II, que de sacrifier à la vengeance publique, une Dame qu'il avoit si constamment aimée ; ce qui

––––––––––––––––––––

(1) Je ne puis m'empêcher de remarquer avec le Lecteur que c'est là un des beaux traits de la vie du Connétable. Je ne sçais si dans toute l'Histoire on en trouve un pareil. Qu'un homme qui ne craint point les ennemis, & qui peut par lui-même se maintenir dans son crédit, méprise une femme de qui il n'espére rien, & qu'il la laisse se défendre sans lui nuire, est une chose qu'on voit quelquefois, & auquel on donne des louanges. Mais qu'un courtisan, prêt à succomber, ait la générosité de ne vouloir point se maintenir aux dépens d'autrui, & d'une femme sur-tout abandonnée, est un de ces exemples, qu'on ne peut trop louer, pour engager à le suivre.

G v.

piqua la Reine, d'honneur. Pour montrer l'affection qu'elle conservoit pour lui, elle traita la Duchesse avec la même modération qu'elle avoit elle-même traité la Duchesse d'Etampes. Ce fut pour lors qu'elle comprit dans toute son étendue cette maxime : on vous traitera comme vous traiterez les autres. Elle pratiqua encore depuis cette vertu ; car malgré l'ingratitude de la Maison de Guise & la foiblesse du Duc d'Aumale, elle ne lui retrancha rien de sa succession.

La Duchesse malgré l'orage qu'elle voyoit prête à fondre sur elle, ne perdit ni le jugement, ni l'adresse. Se voyant, comme c'est la coutume en pareil cas, seule de son parti, elle résolut d'appaiser la Reine par une générosité qui ne lui couteroit guères, puisqu'elle n'abandonnoit qu'une partie pour sauver le tout. Saint-Serge, fils de Boyer, Tréforier de France, lui avoit donné la Terre de Chenonceaux qui se trouvoit située au milieu des Terres affignées pour le douaire de Catherine : le château avoit été bâti par un Tréforier, c'eft-à-dire qu'il n'avoit rien épargné pour fa beauté. Elle l'offrit à la Reine, qui le trouvant fort à fa bienféance, l'accepta d'une manière qui prouvoit qu'elle n'étoit pas fi fâchée, qu'elle l'avoit parue. En effet, elle fe fût mife peu en peine que le Roi eût aimé une femme plus qu'elle, s'il lui eût donné place dans fon Confeil. Cependant comme ce préfent eût pû choquer quelques gens qui ne cherchent que l'occafion de cenfurer les actions d'autrui, telles qu'elles foient, la Reine la contraignit de recevoir en échange la Terre de Chaumont-fur-Loire : ceux qu'elle avoit élevé ne furent pas fi favorablement traités, puifqu'il ne lui en coûta que ce château, & les joyaux de la couronne que le Roi fon amant lui avoit donné. Néanmoins elle ne pouvoit pas avec décence refter à la Cour, auſſi ſe retira-t-elle, moitié gré, moitié force, dans ſa magnifique maiſon d'A-net qu'elle acheva de faire bâtir. Ce qui paroîtra ſurprenant, c'eſt que Catherine de Médicis la rappella à la Cour après la mort de François II; car je ne crois pas que la Ducheſſe eût oſé y paroître ſans cela, puiſque Catherine y étoit maîtreſſe. Il eſt vrai que cette Réi-ne ſe ſervit indifféremment de tous ceux qui pouvoient lui être utiles. Comme elle connoiſſoit la capacité de la Du-cheſſe pour démêler les intrigues de la Cour, ſans ſonger qu'elle avoit partagé le cœur de ſon mari, elle la pria d'affer-mir ſon patti en diviſant les autres. La Ducheſſe qui, d'ailleurs avoit été char-mée de la généroſité de la Reine, ſaiſit l'occaſion de lui témoigner ſa reconnoiſ-ſance avec d'autant plus de plaiſir, que ſes intérêts ſe trouvoient mêlés avec ceux de la Regente.

La Ducheſſe ayant vu les Guiſes au

comble de la faveur sous le regne de François II. qui ne regna pas deux ans, n'avoit pas témoigné grand ressentiment de leur inquiétude, parce qu'elle avoit craint qu'ils ne poussassent plus loin la vengeance. Sous Charles IX. la Maison de Guise se trouva à deux doigts de sa perte, la Duchesse eut assez de pénétration pour prévoir qu'elle succomberoit avec elle, qu'elle ne conserveroit les grandes richesses qu'elle tenoit de Henri II, & contre lesquelles tous les jours on se recrioit que par l'appui des Guises. Mais si les Montmorencis & les Chatillons se déclaroient contr'elle, ils pouvoient l'emporter & dominer à la Cour ; ainsi la Regente proposa à la Duchesse de détacher le Connétable de ses neveux Chatillon. Le Duc d'Aumale lui fit la même priere, ainsi la Duchesse y travailla ; mais l'on ignora que pendant qu'elle employoit l'autorité qu'elle avoit sçu se conserver sur l'esprit du Connétable, qu'elle ne travailloit que pour elle-même, quoiqu'à l'extérieur elle ne sembla que travailler pour la Régente. Quel qu'en soit le motif, la Reine en tira l'avantage qu'elle méditoit; sçavoir d'unir le Connétable avec les Guises, & de le brouiller avec ses neveux. Il falloit avoir pour cela l'esprit de la Duchesse de Valentinois; car jusqu'alors le Connétable n'avoit aimé qu'eux, & quoique cette désunion fût contraire à ses intérêts, il fut plus docile à la voix de la Duchesse qu'à celle de sa famille. Ce fut sa derniere action d'éclat.

Elle mourut le 26 Avril 1566, laissant deux filles, Françoise mariée au Duc de Bouillon, & Louise, Duchesse d'Aumale, qu'elle fit son héritiere, en cas que le Calvinisme prît racine dans la Maison de Bouillon.

Elle fut enterrée dans la Chapelle du Château d'Anet, où l'on voit son tombeau, quoiqu'il semble par l'Epitaphe

qui se voit sur le tombeau de son mari (1) qu'elle avoit désiré être enterrée
dans la Cathédrale de Rouen , auprès de
lui. Il étoit décédé le 12 Juillet 1531 ,
âgé de soixante-douze ans. Elle y a fon-
dé plusieurs Obits pour son repos.

---

(1) Hoc Iodoice tibi posuit Brezée sepulchum
Pictonis amisso mœsta Diana-viro.
Indivulsa tibi quondam & fidissima conjux
Ut fuit in thalamo , sic erit in tumulo.

MARIE MILLET.

Un Hiſtorien ne doit pas s'appliquer à préſenter ſur la ſcène que les crimes éclatans & les vices qui ne ſont, pour ainſi dire, annoblis que par leur Auteur: nous avons en horreur un miſérable qui, preſſé par la faim, la néceſſité, pille un jardin, nous enleve quelque foible portion de notre héritage ; au contraire, nous comblons de louanges, ce héros qui ravage une province, & laiſſe après lui les horreurs de la guerre : ce qui eſt crime dans l'un, eſt héroïſme dans l'autre. Par la même raiſon, comme on croit que la vertu ne peut habiter que dans ces cœurs où coule le ſang le plus pur, nous devons être donc plus frappés lorſque nous la trouvons où nous ne penſons pas qu'elle doive être. Si nous prodiguons nos louanges à Lucréce, il me semble qu'une de ses esclaves en qui on trouveroit les mêmes principes de vertu, seroit encore plus louable ; car celle - ci doit à elle-même ce que l'autre ne doit peut-être qu'à l'éducation à de certains préjugés ; car combien de Dames du premier rang ont le cœur très-corrompu, & qui cependant par respect humain s'appliquent fort à sauver les apparences. Lucréce étoit plus inquiéte de ce qu'on penseroit, de ce qu'on diroit, que de l'action. Elle se laissa volontairement deshonorer, par la seule crainte qu'on ne crut qu'elle l'étoit; & elle se tua pour désabuser ceux qui pensoient qu'elle l'étoit réellement. Marie Millet raisonna moins, & poussa, il me semble, l'héroïsme plus loin : uniquement par amour pour la vertu.

Marie Millet étoit fille d'un bon laboureur, nommé Jean Millet. Sa femme s'appelloit Marthe, sa condition de villageoife a empêché qu'on fît attention à fa généalogie. Ils eurent trois filles qui furent, ce qu'il ne faut chercher que fous le chaume pour trouver; extrêmement belles, elles étoient encore plus fages. L'aînée s'appelloit Marie, & c'eft celle dont j'ai à parler. Elle vivoit fous Henri III. Ce Prince avoit toujours paru digne de porter la couronne tant qu'il ne fut que particulier; devenu Roi par la mort de Charles IX. fon frere, il parut fouvent au - deffous du dernier de fes Sujets. Vainqueur à Jarnac, à Moncontour, il avoit gagné l'affection des foldats Devenu leur maître, ils n'eurent plus que du mépris pour un Prince qui fe croyoit difpenfé de défendre la couronne, parce qu'elle étoit pour lors à lui. S'oubliant, chacun ne fongea plus qu'à en profiter; l'Etat fe trouvant déchiré par plufieurs factions, les foldats qui font la force d'un royaume bien policé, devinrent pour lui l'ennemi le plus

à craindre, parce qu'on a toujours re-
marqué que c'eſt dans les guerres civiles, où ils montrent le plus de fureur : la
raiſon eſt que la licence où ils vivent,
attire dans ce corps les ambitieux, les
miſérables qui n'ont rien à perdre, &
ceux qui ne cherchent qu'à commettre le crime impunément. Malgré la
guerre qui étoit en France, on la porta
aux Pays-Bas pour faciliter la conquête
de ce pays pour le Duc d'Alençon, frere
du Roi que les Flamands avoient appellé à leur ſecours contre les Eſpagnols.
Combelle y fut avec ſon régiment, ayant
été défait, il ſe trouva obligé de repaſ-
ſer en France pour mettre en ſûreté les
débris de la défaite : il en donna la conduite au Capitaine Dupont. Ce Chef
arrivé en Picardie, ſe logea dans le village de Bécourt avec une partie de ſa
Troupe, & envoya le reſte dans les environs. Ayant appris que Jean Millet
étoit ce qu'on appelle le coq du village,

il prit fon logement chez lui. Ce Capitaine étoit de ceux qui penfent qu'après
une campagne, il ne faut fonger qu'à fe
dédommager des plaifirs dont elle a empêché de jouir. Comme dans un village
il n'en pouvoit guères trouver d'autres
que ceux de la table, il s'y livra fans ré-
ferve avec fes foldats, aux dépens du
bon laboureur qui fouffrit tout fort patiemment ; voyant qu'il avoit à traiter
un homme fort brutal, & qui ne connoiffoit d'autre droit que celui que donne la force. Ses filles moins accoutumées
à voir pareille compagnie, & traiter leur
pere fi rudement, étoient plus effrayées.
Marie qui cachoit fous la bure la plus
belle ame, crut qu'en oppofant la douceur aux brutalités, elle défarmeroit ces
furieux. Elle s'appliqua avec une attention extrême à les prévenir dans tout
leur befoin. Elle fe chargeoit volontiers
de toutes leurs malédictions, pourvû
qu'ils épargnaffent fon pere & fa mere.

Elle n'avoit que seize ans; ainsi elle croyoit qu'ils respecteroient plutôt sa jeunesse que la vieillesse de ses parens. Dupont n'avoit pas été longtems sans être frappé de sa beauté, les bons offices qu'elle lui rendoit avec une grace, une courtoisie que l'art ne peut imiter, l'enflamoient de plus en plus; avec une coquette, il eût sçu comment s'y prendre, mais comme la vertu de Marie éclatoit en tout, & que c'étoit à elle seule qu'il devoit ses soins, il fut longtems à méditer comment il la pourroit séduire & tromper; la voyant insensible à ses flatteries, à ses promesses auxquelles elle ne faisoit pas plus d'attention qu'à ses juremens & à ses brusqueries, il crut mieux réussir en s'adressant au pere; il l'appella, lui témoigna beaucoup d'amitié. Après le récit de ses exploits, il lui dit qu'il vouloit songer à se reposer & se délasser dans les bras de l'hymen. Le paysan approuvoit tout; enfin il lui com-

muniqua son dessein. » Mon ami, lui
» dit-il, la beauté, la sagesse de votre
» fille aînée, peuvent faire mon bon-
» heur, ainsi si vous voulez me faire la
» faveur de me la donner pour femme,
» je vous donne assurance que vous, les
» vôtres serez annoblis, & de rendre
» cette chere fille une des plus heureu-
» ses femmes qui soit sur la terre : je
» désire au plutôt lui faire changer ses
» gros habits de bure & la revêtir de
» soie, & lui donner un état qui ne lui
» fera jamais regretter celui qu'elle
» quitte ; vous l'aimez trop pour appor-
» ter obstacle à sa fortune. »

Millet qui, sous un air rustique, étoit
plein de bon sens, découvrit aussitôt le
piége qu'on tendoit à la vertu de sa fille.
Les biens qu'on lui promettoit ne l'é-
blouirent pas : il répondit simplement,
» Monsieur, mon état me rend indigne
» de l'honneur que vous voulez me
» faire : vous êtes un Gentilhomme de

» bonne Maifon , élevé dans les grandes
» charges , accoutumé à voir d'autres
» gens, pour ce il me femble qu'il n'eft
» bien féant que je vous donne ma fille
» qui n'eft qu'une chétive villageoife
» iffue de très-bas lieu. Je la garde pour
» quelqu'un qui fera de ma condition ,
» lequel n'aura pas honte de me recon-
» noître pour fon beau-pere, & que je
» pourrai, fans crainte, appeller mon
» gendre. « Ce difcours fi raifonnable
rendit Dupont fi furieux, qu'il prit une
affiette, la jetta à la tête du bon-homme,
en lui difant, coquin, apprends que je
te fais beaucoup d'honneur. J'aurai de
force ce que tu me refufes. Pour fe fouf-
traire à fa fureur, le payfan s'enfuit. Au
bruit fa fille accourut. Les foldats alors
fe faifirent d'elle. Elle fe jetta aux genoux du Capitaine pour qu'il mît fa
chafteté à l'abri de leur brutalité, Dupont lui dit qu'il n'y avoit qu'un moyen.
Sa propofition lui fit horreur, ce qui ne

fit qu'irriter la paſſion de ce brutal. S'ennuyant de la réſiſtance, il ſe ſatisfit en grenadier. Après avoir violé cette pauvre innocente, il l'abandonna à tous ſes ſoldats qui, à demi yvres, n'eurent pas plus de pitié que leur chef. Après avoir réduit cette infortunée dans le plus pitoyable état, ils la firent mettre à table demi-nue, & lui tinrent des diſcours qui euſſent fait rougir une proſtituée. Cette pauvre fille n'avoit répondu à leurs brutalités qu'en demandant au Ciel, protecteur de l'innocence, juſtice de ces monſtres. Pour cela, elle penſa qu'il falloit s'aider. Elle étoit aſſiſe à côté du Capitaine. Un ſoldat étant venu lui demander quelque ordre, lui fit détourner la tête pour lui parler bas, Marie ſaiſit le moment pour venger ſon honneur outragé : elle prit le couteau qui étoit devant lui, le lui enfonça dans le cœur avec tant d'adreſſe, de force, de promptitude, qu'elle l'étendit mort, & ſe ſauva

avant

avant que pas un de la troupe eût fait un mouvement pour l'empêcher. Elle courut auſſitôt où elle crut trouver ſon pere & ſa mere. Leur raconta en peu de mots ſon malheur que ſes cris lui avoient appris, leur dit qu'il n'étoit pas temps de ſe déſoler, qu'il falloit qu'ils pourvuſſent à leur ſûreté au plutôt. En effet à peine finiſſoit-elle ces paroles, qu'elle apperçut les ſoldats qui, revenus de l'étonnement où le courage de cette fille les avoit jettés, ne ſongeoient plus qu'à venger la mort de leur Chef. Cette généreuſe fille fut au-devant d'eux, & s'expoſant à leurs premiers coups, donna le temps à ſon pere & à ſa mere de ſe ſauver. Alors ces miſérables, après mille outrages qu'ils lui firent, la lierent à un arbre & la firent mourir à coup d'harquebuſe, tant qu'il lui reſta un ſouffle de vie, elle prit le Ciel à témoin de n'avoir jamais donné le moindre conſentement à leur déteſtable plaiſir, & le pria de lui pardonner d'avoir verſé le ſang impur de celui qui lui avoit ravi le ſeul bien qu'elle avoit, qui étoit l'honneur.

Son pere ayant appris la triſte fin de ſa chere fille, ſortit de ſa retraire ; lorſque la nuit fut venue, fut aux villages les plus proches, aſſembla plus de deux mille hommes auxquels il raconta avec l'éloquence que donne une juſte indignation, l'affront, l'outrage faits à ſa fille, & comment cette tragédie étoit finie : alors aux inſtances de leurs femmes, de leurs filles ils partirent, vinrent ſurprendre les boureaux de Marie qui étoient de nouveau plongés dans le vin, & les tuerent tous. Ils étendirent leur vengeance ſur trois autres compagnies qui étoient logées aux environs, & quoiqu'ils n'euſſent eû aucune part au crime, ils n'en laiſſerent pas échapper un ſeul. Ce fut un crime pour eux d'avoir eu pour Chef un homme tel que Dupont qui, loin d'être le gardien de la chaſteté

des filles, des femmes, le livroit à la
brutalité de ses soldats. Ainsi fut vengée
notre Héroïne qui mérite place dans nos
fastes par son courage, sa présence d'esprit, son intrépidité, sa piété filiale, son
amour pour la chasteté & sa beauté, avantage qui souvent suffit pour nous attirer
les plus grands éloges. Ainsi que ne doit-
on pas à celle de l'ame.

MADELEINE DE SAVOIE,

Duchesse de Montmorenci, Dame d'Honneur d'Elisabeth d'Autriche, femme de Charles IX.

MAdeleine étoit fille de René de Savoie, légitimé Comte de Villars & Gouverneur de Provence, & d'Anne, Comtesse de Tende de la Maison de Lascaris. Comme elle étoit fort proche parente de François I, Louise de Savoie sa mere étant tante de René, il pourvut à son établissement, & ne crut mieux l'assurer qu'en lui faisant épouser son favori ; c'étoit Anne de Montmorenci qui, pour lors étoit Maréchal de France, & qui en 1538 fut fait Connétable. Ce mariage fut célébré au mois de Janvier 1526, à Saint-Germain-en-Laye, en présence de toute la Cour. Le Roi don-

na à la nouvelle mariée pour présent de
nôces cinquante mille livres, & la Terre de la Fere en Tardenois, gros bourg
de Champagne, à six lieues de Soissons.
Il y avoit un très-beau château, bâti par
la Maison de Chatillon ; comme il étoit
très-ancien, la Maréchale en 1532 le fit réparer & augmenter. Le parc qui étoit fermé avoit près de mille arpens. Jamais femme ne s'est plus distinguée par sa constante
affection pour son époux, son application
au gouvernement de sa maison, & par
les soins qu'elle prit de l'éducation de
ses enfans. Elle ne pensa jamais que le
haut rang où elle étoit élevée, fût une
dispense pour elle & qu'ainsi que les
femmes de son rang, elle devoit se décharger sur d'autres, des soins qui sem-
blent ne devoir occuper que des Bour-
geoises. Elle sçut toujours se préserver
de l'air contagieux de la Cour, où son
rang l'obligeoit de se trouver, & où les
plaisirs sembloient y convier une jeune

femme qui, fans être belle étoit aimable ; mais ce n'étoit qu'aux yeux de fon
mari qu'elle vouloit le paroître. Auffi
ne la voyoit-on que où il fe trouvoit,
& lorfque fon état l'empêchoit de le fui-
vre , elle s'enfermoit dans fa maifon.
Quand fon mari étoit à l'armée, dit le
Laboureur, elle alloit à quelques-uns de
fes châteaux, ou bien à Montmorenci,
quoiqu'elle n'y eût point de maifon. Elle y demeura le temps de fa prifon en
Flandres, tant pour fe conformer à l'état
où il fe trouvoit que pour faire achever
le bâtiment de l'Eglife , pour affifter à
tout le Service des Chanoines, & ne
vaquer qu'aux chofes de dévotion;
ayant bien voulu exprès fe loger chez le
Doyen, où il y avoit à peine une chambre qui lui fût propre. Par-tout elle
montroit la même fimplicité, fçachant
cependant l'allier avec fon rang. Ennemie de tout fafte, de tout éclat, il n'y
avoit que dans les bâtimens qu'elle fai-

soit, qu'elle voulût qu'il parût; car alors
elle travailloit comme une personne qui
n'envisage que l'immortalité. C'étoit-elle
qui avoit soin des réparations des châteaux, de pourvoir à leur entretien. Elle
montroit en la conduite de sa maison
autant d'application, de prévoyance, d'a-
dresse, de dextérité que son mari dans la
conduite de l'Etat. En effet le dometique
d'un Seigneur, son domaine ressemblent
à un petit état qui demande les mêmes
qualités pour le bien gouverner. Il faut
connoître les hommes pour voir entre
les mains de qui on confie ses biens, sa
vie : étudier le caractère de ses domestiques, pour voir s'il peut nous convenir;
veiller sur leurs démarches, songeant
qu'on en est responsable : reprimer leur
avidité, entretenir l'union entr'eux sans
qu'elle soit préjudiciable aux maîtres :
démêler son intérêt particulier avec le
leur; tenir les abus comme nécessaires
dans les bornes précises de la nécessité :

H iv

les voir, les connoître & sembler les
ignorer : punir & ne le faire que rarement & utilement : pénétrer dans l'intérieur de leurs familles, de celles de
tous ses fermiers, ses vassaux ; arracher
leur sécret, & cependant le leur garder
tant qu'il n'est pas nécessaire d'en faire
un usage authorisé seul par la probité.
Se transporter dans toutes ses Terres,
être présent par-tout sans être vû : s'instruire pour n'être pas surpris & trompé,
de mille détails souvent ennuyans : tenir des conduites souvent toutes oppo-
sées, & prendre des caractères différens:
être libéral avec eux, & leur apprendre
à être avares du bien de leurs maîtres.
Qu'une Dame de condition dise après
cela qu'elle ne peut trouver d'occupa-
tion dans son domestique. En voyant au
contraire qu'elles sont en général ses
fonctions, il semble qu'une personne
seule n'y pourroit suffire ; mais il faut
qu'elle songe qu'elle n'est faite que pour

donner le mouvement à tout, & que dès qu'elle aura commencé, tout agira, se conservera sans qu'on s'en apperçoive. Dans une maison bien reglée les domestiques se présentent d'eux-mêmes, chacun n'attend pas qu'on l'appelle pour remplir son devoir. Pourquoi rougiroit-on des fonctions que ces illustres Romains remplissoient avec autant de plaisir que celles du Général ? Leurs Historiens nous font remarquer qu'ils étoient en petit dans leur particulier, ce qu'ils étoient en grand à la tête d'une armée : & que qui sçait bien gouverner son domestique, sçauroit bien gouverner un Etat. Voilà dequoi bien flatter l'amour propre. On s'y devroit porter d'autant plus volontiers qu'il y a moins de danger, & qu'on est assuré d'en recueillir le fruit, au lieu qu'une négligence, l'envie, la jalousie feront perdre à un Ministre, à un Général, tout le fruit d'un travail de dix ans. C'étoit en pensant

H v

ainfi que la Ducheffe de Montmorenci
ne trouvoit jamais de vuide dans le
temps, & que fçachant en remplir tous
les momens, la vie ne lui étoit point un
fardeau, comme elle l'eft aux perfonnes de fon rang, dès qu'elles ne fçavent
point s'occuper; car les bagatelles ne
peuvent jamais devenir des occupations
férieufes & qui puiffent plaire longtems.
Quoique l'époufe d'un favori, d'un Miniftre, d'un Connétable, jamais elle ne
trouva aucun de fes devoirs au-deffous
d'elle. Si elle partageoit fa fortune, elle
partageoit encore mieux fes difgraces;
ayant été banni de la Cour pendant fept
ans, elle ne chicana point. Elle fe per-
fuada aifément que fa demeure devoit
être à Chantilli, puifque c'étoit celle de
fon mari. Jaloufe de remplir fes devoirs,
elle ne cherchoit qu'à les connoître, &
non ceux du Miniftre. Elle tâchoit de
bien gouverner fa maifon; mais elle ne
chercha jamais à gouverner fon mari.

Elle n'entra jamais dans aucun parti,
par-tout elle ne se montra que comme
particuliere; & quoique sous Catherine
de Médicis ce fût le regne des femmes,
elle ne prit aucune part aux affaires de
l'Etat. Zélée Catholique, elle crut ne
devoir que tendre les mains au Ciel
pour qu'il fît prospérer la cause que son
mari défendoit. Si elle fit quelques démarches, ce ne fut qu'auprès de son mari, en lui rappellant que puisque le Titre qui le flattoit le plus, étoit celui de
Baron Chrétien, c'étoit à lui à montrer
le plus de zèle pour le maintien de la
vraie Religion; & que d'ailleurs il ne
devoit point oublier que qui trahit sa
Religion, bientôt trahira son Roi. Ses
prieres furent exaucées; car le Connétable se montra toujours plein de zèle
pour la Religion de ses peres. Il mourut
en combattant pour elle, quoiqu'âgé de
soixante-treize ans. Ce fut à la bataille
de Saint-Denis qu'il trouva le terme de

fes travaux. Ce grand homme, jufqu'à
ce moment quoiqu'affoibli par l'âge,
n'avoit rien perdu de fon courage & de
fa force. Invefti de toute part, il refufa
de fe rendre. Robert - Stuart craignant
qu'un ennemi auffi redoutable aux Proteftans ne lui échappât, lui tira un coup
de piftolet qui le frappa dans les reins.
Le Connétable, malgré la douleur, lui
donna un fi grand coup de pommeau de
fon épée, dont la lame étoit rompue,
qu'il lui brifa la machoire, & le renver-
fa avec lui. En même - temps il s'évanouit. On vint à fon fecours, ayant repris fes efprits, fes premieres paroles
furent pour fçavoir en quel état étoient
les affaires. On pourfuit l'ennemi, lui
dit-on : allez donc après lui, repartit le
Connétable, ne perdez point votre temps
avec moi. On eut mille peines à le déterminer à revenir à Paris. Non, difoit-
il, je veux mourir fur le lit d'honneur;
d'ailleurs il vouloit épargner à fa tendre

épouse ce douloureux spectacle. C'en
fut un bien triste, en effet pour elle,
lorsqu'on vint mettre entre ses bras, ce
qu'elle avoit tant aimé, & ce qu'elle alloit perdre sans retour. On juge aisément qu'elle fut sa douleur à cette pre-
miare nouvelle ; mais sa piété ayant rap-
pellé son courage, sa fermeté, elle offrit à Dieu ce sacrifice. Ce qui la con-
sola fut de songer qu'il étoit mort en
soutenant la cause de Dieu. Il expira
dans ses bras le 12 de Novembre 1567,
trois jours après la bataille.

Charles IX. l'eût fait inhumer à Saint-
Denis, si la veuve ne lui eût fait représenter
qu'elle désiroit que ce fût dans l'Eglise de
Montmorenci, suivant son intention. Seulement on porta son cœur dans l'Eglise
des Célestins de Paris, où il fut mis dans
la Chapelle d'Orléans, avec celui de
Henri II. qui l'avoit ainsi ordonné. Bel
exemple d'une constante amitié, dans un
Roi.

La Connétable pour conferver le fou-
venir d'un mari qui l'avoit éperdument
& conftamment aimée, ce qui eft affez
rare dans un homme de cœur, lui fit
élever un fuperbe maufolée dans l'Eglife
de St. Martin de Montmorenci, & employa pour cela Jean Bullant, fameux
Architecte. C'eft ainfi qu'elle confacra
fon loifir, fon veuvage à la gloire de fon
mari. Charles IX. la tira de fa retraite
pour la faire premiere Dame d'Hon-
1570. neur d'Elizabeth d'Autriche qu'il époufoit. Elle affifta comme telle au couron-
nement de çette Reine, & l'accompagna
dans fon entrée à Paris qui fut le 25 de
Mars 1571. La Ducheffe n'accepta cette place qu'avec difficulté. Elle fe difoit
à elle - même que la Cour d'une jeune
Reine ne pouvoit guères convenir à une
femme de fon âge. Elle ne l'accepta que
pour être à portée de veiller à la fortune
de fes enfans ; chancellante à caufe de
leur affection pour les Chatillons, Chefs

des Proteftans. Elle eût eu la douleur de
voir fa famille immolée à l'ambition de
Catherine de Médicis, & être du nombre des victimes de la St. Barthelemi,
fans la prudence du Maréchal fon aîné.
Soit preffentiment, foit par goût pour la
folitude, il fe retira la veille de cette
horrible journée dans fa maifon de
Chantilli. Son abfence fut le falut de fes
trois freres, parce que la Cour perfuadée
qu'elle ne pouvoit prendre le Maréchal
dans fon filet, & qu'il fuffiroit pour venger la mort de fes freres, & pour rendre 1572.
inutile le fruit qu'on prétendoit retirer
de cette boucherie, ne voulut pas commettre un crime inutilement. La Ducheffe feignit, ainfi que tous fes enfans
de n'avoir rien fçu du deffein qu'on avoit
eu: elle-même s'empreffa, à la priere de
Catherine & de fon fils, à les reconci-
lier avec les Guifes; quoiqu'elle fçût
qu'il y a de certaines injures que les
Grands ne pardonnent jamais. Mais fi

elle agit en Chrétienne, elle ne crut pas pour cela devoir négliger les précautions nécessaires à leur fûreté. Sans sembler y faire attention, elle veilla avec beaucoup d'exactitude fur les démarches de Catherine de Médicis, l'ame de tous les projets violens. Elle ne put empêcher **1574.** la prifon du Maréchal, parce qu'il prit trop confiance au Duc d'Alençon, & que n'ayant à fe reprocher que fon affection pour ce frere du Roi, il croyoit n'avoir rien à craindre ; mais Charles IX. fe mouroit, fa mere feule regnoit : pour affurer fon authorité, elle fit arrêter les Maréchaux de Montmorenci & de Coffé, afin qu'ils ne favorifaffent pas le Duc d'Alençon dans fes prétentions. La Ducheffe à cette nouvelle redoubla de vigilance, & s'apperçut qu'on vouloit auffi arrêter Thoré. Elle lui en donna auffitôt avis, & pour qu'il pût fortir du Royaume elle lui envoya de l'argent ; ce fut auffi le falut du Prince de Condé. Ce

Seigneur étoit avec lui , & par fon orga-
ne apprit qu'on cherchoit auffi à s'affurer
de lui-même. Auffitôt il monta à cheval
& fortit du Royaume , fuivi du feul
Thoré. C'étoit réellement le deffein de
la Cour de les arrêter tous deux ; mais
la Ducheffe ne le preffentit que par l'affection qu'elle avoit pour ce dernier fils
qui étoit fon benjamin , & la crainte
qu'elle avoit que ce malheur ne lui arri-
vât , le fauva.

La mort de Charles IX. rendit peu
après la liberté à la Ducheffe. Sa veuve
qui étoit fans ambition , & qui prévoyoit
qu'elle ne pourroit foutenir fon rang
dans une Cour , où le luxe alloit augmenter , & où il fe trouveroit trois Reines ,
fe retira à la Cour de l'Empereur fon
pere. Madeleine depuis ne parut plus à
la Cour que par bienféance. Elle eut
befoin de tout fon courage , de fa religion pour foutenir , avec la conftance
d'une grande ame , tous les revers qui

vinrent ébranler la fortune de fa famille.
En 1579. elle perdit le Chef ; & lorfqu'elle mourut, de fa nombreufe famille elle ne laiffoit plus que le Duc de
Damville qui, pour lors, n'avoit point
d'enfans mâles, & qui étoit rébelle à fon
Prince ; ce fut le pere du dernier Duc de
Montmorenci décapité fous Louis XIII.
Sa mort éteignit la nombreufe famille
du Connétable. Il avoit eu de Madeleine douze enfans, cinq garçons, dont un
feul mourut jeune, & fept filles. L'aînée époufa le Vicomte de Touraine ; la
feconde, le Duc de la Tremouille ; la
troifiéme, le Duc de Ventadour ; la quatriéme, le Comte de Candale ; les trois
autres fe firent Religieufes, non par ufage ; car le Connétable & fon époufe
étoient bien éloignés d'offrir à Dieu des
victimes qu'il rejette, & d'être les boureaux de leurs enfans. Le facrifice fut
des plus volontaires : elles fe confacre-
rent à Dieu uniquement par le goût que

leur respectable mere leur inspira pour
la vertu, & pour pratiquer les leçons de
sagesse qu'elle leur avoit faites, plus par
son exemple que par ses discours. Celles
qui resterent dans le monde ne les oublierent jamais, elles se distinguerent
plus par leur vertu que par leur rang;
mais malheureusement les vertus meur-
trieres attirent bien plus l'attention du
public que celles qui concourent à son
bonheur : ainsi je me tais.

La Duchesse de Montmorenci mourut
en son hôtel, à Paris, en 1586, âgée de
soixante-seize ans, après avoir, jusqu'à
son dernier moment, vérifié la Devise
qu'elle avoit prise qui étoit, *sans errer,*
sans varier. Dans tous les états de sa vie,
jamais elle ne se démentit : son amour
pour son mari ne fut point affoibli par
le temps : sa tendresse, ses soins pour sa
famille furent toujours les mêmes ; sa
piété se fortifia par les revers qu'elle eut
à essuyer : elle sçut se faire aimer, res-

pecter à la Cour & par-tout où elle parut. Elle sçavoit soutenir son rang avec ses Grands, & s'en dépouiller avec les petits, les pauvres qu'elle regardoit comme des enfans à qui elle devoit la nourriture. En un mot, c'est une des plus illustres Femmes de France ; elle n'eut point ces vertus d'éclat qui font tant de bruit dans le moment, mais elle eut tout le réel, le solide de celles qui conviennent à son sèxe.

Son corps fut porté dans l'Eglise de Montmorenci, & mis avec celui de son mari dans le magnifique tombeau qu'elle s'étoit préparé.

DIANE,

*Légitimée de France , Ducheſ-
ſe de Caſtres, d'Angoulême ,
Douairiere de Montmorenci.*

CEtte Princeſſe étoit fille de Henri II,
il l'avoit eue de Philippine , Duc-
Demoiſelle Piémontoiſe. D'autres diſent d'une Bourgeoiſe de Langey , ville
en Touraine , renommée par ſes excel-
lens melons. Quoiqu'il en ſoit , Diane
ſe montra digne d'être ſœur des Rois
François II , Charles IX & Henri III ,
& d'être reconnu par François I. pour
être de ſon Sang. Elle nâquit environ
vers l'an 1539 , huit ans avant la mort 1539.
de ſon ayeul. Sur la fin de 1552 , le Roi
ſon pere lui fit épouſer Horace Farneſe,
Duc de Caſtres , ſecond fils de Louis,
Duc de Parme & de Plaiſance. Ce ma-

riage plut fort aux intéreſſés. Diane étoit fort belle , & avoit toutes les qualités qui rendent une femme aimable : mais pour être heureuſe, c'étoit peu pour elle d'avoir l'envie de plaire à une perſonne qui lui devoit être ſi cher , il falloit qu'elle plût réellement à celui dont elle recherchoit la bienveillance. Heureuſement elle trouva dans le cœur de ſon mari une diſpoſition naturelle à être ſenſible à ſon affection : ce qui eſt aſſez rare dans les Grands, parce que le haſard , l'intérêt, la politique les uniſſent. En effet , Horace n'épouſoit Diane que par ces motifs , & par reconnoiſſance pour un Roi qui défendoit ſa Maiſon contre toute la puiſſance de l'Empereur. Mais quoique pour former l'affection entre deux cœurs , il faille que l'action des ſentimens de celui qui agit touche l'uniſſon de l'impreſſion qui ſollicite dans l'autre , toutefois une jeune femme ſçaura toujours ſe faire aimer de qui elle voudra, dès qu'elle voudra rompre ses volontés, ses humeurs, ses caprices, & les conformer à ceux de celui qu'elle veut soumettre : l'amour qui en naîtra sera moins vif, moins impétueux, que celui que fait naître la simpathie ; mais il sera plus durable. Voilà quel doit être l'étude d'une jeune femme qui veut travailler à son bonheur, elle ne doit pas se fier uniquement à ses charmes, ceux qui ne dépendent que de la beauté du visage, perdent chaque jour leur puissance : au contraire ceux qui partent de l'intérieur se fortifient journellement, parce qu'on ne peut tous les appercevoir, & qu'avec un peu de soin on en apperçoit chaque jour de nouveaux : voilà à quoi s'appliqua Diane, elle étudia son cœur & celui de son mari, elle sçut pendant toute sa vie se rendre heureuse, en étudiant le caractère de ceux avec qui elle fut obligée de commercer & de vivre. Elle y conforma le sien. Elle eut toujours ce qu'on appelle l'esprit de société. Lorsque les cruelles années l'eurent dépouillée de l'empire que la beauté donne, & qui ne se trouve jamais qu'entre les mains de la jeunesse, elle restitua volontiers aux autres ce qu'elle en avoit exigé. Elle sçut encore se rendre aimable & estimable par la générosité avec laquelle elle rendit ce tribut. Elle sentit de bonne heure qu'il ne faut jamais compter sur un bonheur constant. Six mois après son mariage, son mari entraîné par le désir de la gloire, s'arracha des bras de sa chere épouse malgré son beau-pere qui vouloit qu'il jouit au moins de l'année entiere ce que les loix de l'honneur autorisent, mais il n'écouta rien ; les larmes d'une épouse qui pressentoit son malheur, le toucherent, mais elles ne purent lui faire changer de résolution. Il sçavoit qu'un grand cœur doit terrasser l'amour. Il partit, & 1553. aussitôt trouva la mort dans Hédin, où

il

il fut s'enfermer, ou plutôt s'ensevelir
avec l'élite de la Nobleffe; car cette ville n'avoit pour défenfe que leur courage : ce fut un coup bien terrible lorfque
Diane apprit cette funefte nouvelle. Si
un jeune cœur eft plus fenfible qu'un
autre aux charmes de l'amour, il l'eft
auffi d'avantage à la douleur. Un bonheur de fi courte durée l'auroit fait renoncer à tous ceux qu'on peut promettre
à une jeune veuve de quatorze ans, fi
elle eût été la maîtreffe de difpofer d'elle - même ; mais les perfonnes de fon
rang font des victimes que les Princes
font toujours prêts à facrifier. Après trois
ans de viduité, fon pere lui dit de fonger à de fecondes nôces : ce fut avec
d'autant plus de douleur pour cette jeune matrône, qu'elle fe voyoit dédaignée
par celui qu'on lui deftinoit : c'étoit
François de Montmorenci. Ce fils aîné
du Connétable de ce nom, aimoit fort
la Demoifelle de Pienne, & rien ne put

d'abord la lui faire abandonner. Pour empêcher qu'il l'épousât, son pere, favori & Ministre, fit donner l'édit qui oblige tous les enfans de famille à ne se point marier sans le consentement de leurs parens avant l'âge de vingt - cinq ans.

Montmorenci attendit un peu, mais ce délai ne fit qu'irriter sa passion. Il épousa la Demoiselle malgré son pere qui le menaça de le déshériter s'il n'é-pousoit Diane qui devoit apporter de grands biens dans sa Maison, & encore plus de crédit, parce que Henri II. aimoit tendrement sa fille. Montmorenci ré-pondit à toutes les menaces, que la vûe de la mort ne pourroit lui faire changer de sentiment. Le Connétable irrité, & qui soutenoit qu'il n'y avoit point de ma-riage entre nos deux amans, fit enlever la Demoiselle, & par son crédit plutôt que par l'équité, la fit mettre dans un Couvent : Montmorenci sollicita en

Cour de Rome, les Théologiens déci-
derent qu'on n'avoit pu lui ôter sa femme malgré lui, parce que le mariage
étoit valide. Quelque véritable que fût
cette décision, parce que les mariages
que nous appellons clandestins n'étoient
point encore condamnés, & que l'édit
étoit postérieur au mariage, & qu'il n'eût
pu le rendre nul que quant aux effets civils; néanmoins elle servoit peu contre la
faveur d'un favori, d'un Ministre, & même l'autorité d'un Roi, qu'on ne fait
qu'irriter en les contrariant & en leur disant qu'ils ont tort.

Montmorenci satisfait de cette réponse, crut qu'en allant lui-même solliciter
en Cour de Rome, il pourroit obliger
le Pape à rendre publique la décision de
ses Théologiens. Cette démarche ne servit qu'à rendre l'injure qu'il fit après à
la Demoiselle de Pienne plus criante. Le
Pape avoit besoin de la France : il approuva le mariage, mais n'a jamais vou-

lu prononcer. Il fit traîner l'affaire tellement en longueur, que Montmorenci
vit bien que l'air du bureau ne lui étoit
pas favorable. Il repaſſa en France. Bientôt on connut qu'il n'en rapportoit que
la fourberie Italienne ; car après tant
d'éclat, il vint à déclarer publiquement
qu'il n'avoit jamais épouſé la Demoiſelle. Il n'éto it pas difficile de lui répondre : un ſecond menſonge le tira d'embarras. Il dit que s'il avoit juré le contraire en juſtice, que ce n'avoit été que
pour que ſon pere y conſentît. Les Commiſſaires ne le crurent point. Ils s'arrê-
terent ſeulement à ſçavoir ſi le mariage
avoit été conſommé. On interrogea la
Demoiſelle : mais ſoit pudeur, ſoit
qu'elle n'eût plus que du mépris pour un
homme qui ſe parjuroit ainſi, ou qu'elle
craignît qui ne lui reſtât que la honte de
l'aveu, elle ne voulut rien répondre.
Les Commiſſaires prirent ſon ſilence
pour un aveu de ce que le Connétable

fouhaitoit : au fcandale de tous les honnêtes gens qui croyoient la juftice du
côté de la Demoifelle qui, d'ailleurs,
n'étoit point inférieure en naiffance à
Montmorénci, ils mirent les parties en
liberté. Voilà celui que Diane devoit
époufer qu'on juge de la violence que dût
fe faire une belle, jeune & riche veuve
ne donnant fa main à un homme qui l'a-
voit dédaignée, & ne l'époufoit qu'après
avoir commis la plus horrible, la plus
noire des infidélités (1). Diane eut befoin de toute fa vertu. Elle regardá la
volonté de fon pere comme un ordre
auquel elle fe foumit fans murmurer ;
& l'infidéle comme un homme qui étant
fon mari, devoit être pour elle tout ce
qu'il y eût de plus cher au monde. Elle
fe comporta tellement, que cette union
fit le bonheur des deux époux, quoique

____

(1) Le contrat fut paffé le 3 Mai 1557, à
Villers-Cotteret.

le Ciel semblât y avoir mis un obstacle ; car Diane n'eut qu'un enfant , encore mourut-il le même jour de sa naissance. Cette stérilité fut regardée par toute la France comme une réparation faite à la Demoiselle de Pienne. Bonnivet son frere uterin avoit cherché à la venger de cette insulte. Ne l'ayant pu , il mourut de chagrin.

1557. Ce mariage qui rétablit Montmorenci dans les bonnes graces du Roi & du Connétable, fut célébré avec la plus grande pompe. Varillas dit que ces nôces furent l'occasion prochaine de tous les maux qui survinrent à la France, jusqu'à la fin de ce siécle, parce que la dépense qu'on fit, consuma l'argent destiné pour la subsistance des armées, & parce qu'on y perdit le temps nécessaire pour se mettre sur la défensive. Il seroit plus vrai de dire que ce fut la mort funeste du 1559. Roi. Ce fut encore un coup bien sensible pour Diane qui perdoit un pere à qui elle devoit tant. Cette mort lui enleva son crédit en Cour, parce que la Maison de Montmorenci, rivale de celle de Guise, perdit beaucoup du sien : heureusement qu'elle étoit bien étayée. Henri II, peu avant sa mort, avoit accordé à son gendre la survivance de la charge de Grand-Maître de sa Maison que le Connétable possedoit, & le Gouvernement de Paris. Les Guises, il est vrai, sous François II. lui enleverent la survivance ; mais en échange il eut le bâton de Maréchal de France. Après la 1567. mort du Connétable, il eût pû aspirer à ce premier rang ; il lui étoit dû, & pouvoit le remplir ; car il avoit du courage, & sçavoit le modérer : sa douceur le faisoit aimer de tout le monde ; il étoit ennemi des partis violens, zélé pour le bien de l'Etat : mais avec tout cela il eût été dangereux de le faire Connétable, parce qu'il étoit fort uni avec les Chatillons, & qu'il passoit pour être

Calviniste sécret, quoiqu'il eût un pere, une mere & une épouse très-zélés Catholiques. Le Maréchal ne fit aucune démarche pour l'avoir, la Cour la laissa vacante.

Diane ne prit aucune part aux affaires & aux troubles de l'Etat sous Charles IX. Elle n'en fut guères plus heureuse. Elle eut de terribles assauts à soutenir à cause de l'affection qu'elle portoit à son mari, elle vit cent fois sa vie exposée aux plus grands dangers ; elle avoit la douleur de n'être tranquille que lorsqu'il étoit éloigné d'elle. En 1572, on l'envoya en ambassade en Angleterre ; mais ce n'étoit que pour qu'il ne vît pas le piége qu'on lui tendroit pendant ce temps. Heureusement qu'il avoit une épouse qui veilloit pour lui. On le fit revenir à temps pour être acteur de la St. Barthelemi ; mais la veille du jour sa femme le pressa tellement d'aller se délasser à Chantilli des fatigues de son ambassade, qu'il se rendit

Voyez Vie de Catherine de Médicis, année 1572.

avec d'autant moins de peine, qu'il fembloit qu'il preffentoit le malheur dont il
étoit ménacé. Cette retraite fut le falut de
fa famille. S'il eût voulu une feconde fois
écouter les confeils de fa femme, il lui
eût épargné bien des chagrins, & fe fût
épargné à lui-même la prifon. Son affection pour le Duc d'Alençon, frere du
Roi, & par conféquent de Diane, le
rendit fufpect à Catherine de Médicis. 1574.
Charles IX. étoit pour lors fort malade :
le Duc d'Anjou fon héritier étoit en Pologne, ainfi elle craignoit que le Duc,
uni avec les Montmorencis, ne la dé-
pouillaffent de fon autorité. Pour l'empêcher elle manda le Maréchal qui étoit
à Chantilli. Diane, à cette nouvelle,
plus défiante, & qui pénétroit plus avant
que fon mari dans les intrigues de Cour,
lui repréfenta vivement à quel danger il
s'expofoit en y allant : qu'il ne falloit pas
confulter que fon cœur ; que la politique autorifoit des actes d'injuftice dès

qu'ils étoienr fructueux ; que Catherine étoit une femme à tout sacrifier pour se maintenir ; que ce n'étoit point une terreur panique ; que s'il vouloit refléchir il verroit aisément que ce n'étoit point le premier coup d'essai de cette femme ambitieuse, pour le renverser. En un mot, que la crainte souvent étoit prudence ; qu'en cédant à son Conseil il ne pouvoit s'en repentir ; au lieu qu'il risquoit tout en ne le suivant pas : il l'éprouva. A peine fut-il arrivé à Vincennes , où étoit le Roi mourant , que le Vicomte d'Auchi l'arrêta avec le Maréchal de Coffé. On les conduisit à la Bastille. Diane y fut d'autant plus sensible, qu'il ne lui restoit pas même la consolation de pouvoir solliciter pour lui. Il fallût déjà qu'elle perdît toute espérance tant que Henri III. ne seroit pas de retour de Pologne. Il l'avoit toujours tendrement aimée , mais elle connoissoit assez la Cour pour se dire , qu'il est bien rare que l'amitié monte

avec un Prince sur le thrône. Les raisons
d'Etat font naître à volonté des obstacles. Elle sçavoit que Catherine le gou-
verneroit , & qu'ainsi le sort de son mari seroit entre les mains de cette Reine
qui n'accorda jamais rien à la tendresse ,
dès que ses intérêts en pouvoient souf-
frir. Elle fut pendant plus de six mois
dans les plus grandes inquiétudes. Quelques douleurs qu'elles lui causassent , elles eussent été bien autres , si elle eût sçu
tout le danger qui le menaçoit , & ce
qu'on tramoit contre lui , pendant qu'on
lui donnoit de belles promesses.

Henri III. qui étoit obsedé par une troupe de mignons , n'avoit pas de quoi les
rassasier. Damville , frere du Maréchal ,
étant tombé dangereusement malade ,
ils crurent que l'occasion étoit venue
pour s'enrichir des biens de cette Maison : le Maréchal formoit seul obstacle
à leur dessein , parce qu'il n'étoit à la
Bastille que sur un soupçon , au lieu que

ſes freres étoient ſortis du royaume avec le Prince de Condé. Comme ils s'étoient rendus par - là criminels de Leze-Majeſté , ils prétendoient ſe faire adjuger , avec apparence de juſtice leur ſucceſſion ; mais le Maréchal, quoi qu'à la Baſtille , pouvoit un jour la leur en-lever. Le Duc d'Alençon , héritier pré-ſomptif de la Couronne , n'avoit pas moins d'amitié pour lui que Henri II. en avoit eu pour le Connétable : ainſi ſi le Roi venoit à mourir , non-ſeulement il ſor-toit de la Baſtille , mais encore il étoit comme aſſuré d'être favori & Miniſtre du nouveau Monarque. Pour n'avoir rien à craindre de lui , ils réſolurent de s'en défaire. Le foible Monarque y don-na ſon conſentement. On confia cette commiſſion à Souvré , à qui on promit la Capitainerie du bois de Vincennes. Elle ne le tenta point ; mais comme il crai-gnit qu'un autre fût moins ſcrupuleux , il ſe chargea , en apparence , de l'exécution , & ufa de tant de délais que la Cour eut le temps d'être défabufée. Damville dont on avoit vu les obféques , revint en fanté & en état de venger fon frere. On donna un contre-ordre à Souvré , à qui l'on fçut bon gré de fa prudence.

Le Duc d'Alençon fut averti du deffein qu'on avoit eu, c'eft en partie ce qui l'engagea à fe retirer de la Cour. Comme on prévit qu'il ne reviendroit que lorfque Montmorenci auroit recouvert la liberté, on prévint fa demande., & l'on tâcha de fe faire un mérite auprès de la Ducheffe de Montmorenci de ce qui n'étoit plus volontaire. En femme faite au manége de la Cour, elle diffimula & fe fit gloire de facrifier au bien de l'Etat fes reffentimens. D'ailleurs fon mari lui en donna l'exemple pendant quatre ans qu'il furvécut à fa prifon.

Lorfqu'il mourut, la Ducheffe eut la confolation de voir toute la France partager fa jufte douleur. Tous les gens de bien

1579. honorerent fes funérailles de leurs larmes·
Sa mort arriva le 5 de Mai, après avoir
demeuré pendant vingt-deux ans avec
Diane qu'il affectionna constamment.
Jamais femme ne fut plus agréablement
trompée. Montmorenci en l'époufant,
fembla avoir contracté toutes fes vertus,
il ne laiffa appercevoir aucun des défauts qu'elle pouvoit raifonnablement
craindre. Auffi la Ducheffe le regretta-
t'elle fincerement, mais il fembloit que
la providence vouloit mettre fa vertu à
toute épreuve. Sa vie, on peut dire, ne
fut qu'un tiffu de peines, de chagrins,
d'inquiétudes. A peine eft - elle mariée
qu'elle a à pleurer un époux aimé : fi
fes larmes commencent à fe fécher, la
mort de fon pere, de fon frere vient les
faire de nouveau couler : enfuite que
d'inquiétudes ? A peine a - t'elle fait
échouer un projet violent, qu'elle apprend qu'on en médite un autre. Son
mari après mille dangers lui eft-il rendu?
La mort le lui enleve : celui - ci mort,

elle voit conspirer contre son frere, après l'avoir vu comme abandonné ; au moment que par ses soins il se voit un peu au-dessus de ses affaires, une mort violente l'enleve ainsi que son successeur avec d'autant plus de regret qu'elle avoit leur estime, leur affection. Henri III. ne vit qu'elle de sa famille, qui lui fut constamment attaché. Il n'avoit qu'elle, pour ainsi dire, pour élever son courage abbatu par tant de revers inconnus aux Monarques. Jamais elle ne l'abandonna, elle l'aida en tout ce qu'elle put ; elle fit plusieurs voyages pour trouver des voies d'accommodement, & qui pussent rendre la paix à l'Etat. Ce fut elle qui, après la mort du Duc de Guise, négocia le Traité d'union entre le Roi & celui de Navarre. Ce Prince la voyant, lui dit, Madame, si vous me donnez votre parole, que je ne dois avoir aucun sujet de défiance & qu'on veut

agir sincerement avec moi, toutes stipu-
lations sont inutiles. J'en crois plus à
votre parole qu'à mille pages d'écriture.
Comme on ne s'exprime jamais mieux
que lorsqu'on sent véritablement ce
qu'on dit, la Duchesse l'avoit sans peine
guéri de toutes les défiances qu'on infpiroit à ce Monarque, à cause du passé.
Lorsqu'en pareille occasion on employoit
la Duchesse, elle ne songeoit qu'à commencer par acquérir de l'estime & gagner la confiance ; elle réussissoit toujours, parce qu'on sçavoit qu'elle ne ha-
sardoit jamais rien qui fût démenti par
la voix intérieure. Elle étoit sourde aux
maximes des politiques qui disent que
tout convient, pourvû qu'on arrive à son
but. La Duchesse au contraire disoit que
la bonne foi peut seule nous y conduire,
parce que la nature met dans le sentiment un charme, une persuasion qui ne
se trouve pas dans les termes, & que

l'art le plus grand ne peut imiter que comme un singe imite les actions de l'homme.

A peine la Duchesse eût - elle vu le 1589. fruit de ses démarches, qu'un scélerat vint les rendre inutiles. Henri III, comme on sçait, fut assassiné à Saint - Clou par Jacques-Clément, & Henri IV, Roi de Navarre, se vit obligé de conquérir son Royaume. Diane ne pouvant le servir comme ses Capitaines , l'aidoit au moins de ses conseils, & ce Roi les écoutoit volontiers. Il avoit tant de confiance en elle qu'il la regarda comme une sœur, aussi lui donnoit-il ce nom, & lui confia-t-il les affaires les plus importantes. Quoique très zélée Catholique, on ne la vit jamais irriter l'incendie. En femme qui connoît les devoirs de sa Religion , elle pratiquoit un des premiers, qui est l'obéissance pour son Souverain. Lorsqu'elle ne pût être auprès de sa personne , elle se retira dans le château de

Chinon en Touraine. Henri IV. se voyant plus paisible, elle vint tenir à la Cour le rang que sa vertu lui donnoit plutôt que sa naissance. Jamais Henri IV n'a témoigné pour personne plus d'estime, plus de considération. Ce fut à ses prieres qu'il accorda la vie au Comte d'Auvergne qui avoit eu part à la conspiration du Maréchal de Biron, & à celle que forma la Maison d'Entrague. Ce Comte étoit neveu de Madame d'Angoulême ; car elle avoit pris ce nom, Henri III. lui ayant laissé le Duché d'Angoulême, étant fils légitimé de Charles IX.

La Duchesse eût bien voulu se servir du crédit qu'elle avoit sur l'esprit du Roi pour obtenir une nouvelle faveur. Il s'agissoit de faire inhumer le corps de Henri III. & de Catherine de Médicis qui se trouvoient sans sépulture. Henri étoit en dépôt à Compiegne, & Catherine à Blois. Il y eut moins de difficultés pour celui de cette Reine. Le Roi accorda volontiers qu'on l'amenât à Saint-Denis, mais lorsqu'elle le preſſa de rendre ce juſte devoir à celui de ſon prédéceſſeur, il lui fit toujours naître de nouvelles difficultés. Le Roi craignoit que ce ſpectacle ne réchauffât les eſprits. Pluſieurs Seigneurs étoient plus que ſoupçonnés d'avoir eu part à ſa mort : le Roi , par néceſſité, avoit fermé les yeux. Pour ſe défaire des importunités de la Ducheſſe , il lui diſoit qu'ils ſeroient portés enſemble. Il y avoit une raiſon particuliere qui empêchoit Henri IV. de ſe rendre, c'eſt qu'il diſoit qu'on lui avoit prédit qu'il ſeroit enterré dix jours après Henri III. Ainſi c'étoit là fermer la bouche adroitement ; il eût été indécent après cela de lui faire une pareille demande , toute raiſonnable qu'elle le fût. La Ducheſſe attendit patiemment ; mais la premiere demande qu'elle fit à la Régente, fut celle-là ; comme cette cérémonie convenoit aux circonſtances, elle y conſentit volontiers. Auſſitôt on fit les préparatifs, & la Du-cheſſe avec d'autres Seigneurs ſe trouve-rent à ſes funérailles, qui ſe firent quel-ques jours avant celles de Henri IV.

Ce fut un ſpectacle bien triſte pour elle. Elle ſe reprochoit, pour ainſi dire, de vivre ſi long-temps, tandis que les Rois ne faiſoient que paſſer. Louis XIII. étoit le ſeptiéme Roi qu'elle voyoit, auſſi le regardoit-elle qu'avec une eſpéce de ſaiſiſſement mêlé de joie, de crainte & de triſteſſe. Ce fut elle, pour ainſi dire, qui l'éleva. Tant de cataſtrophes dont elle avoit été témoin, le lui ren-doient encore plus cher; mais auſſi au-gmentoient-elle ſes inquiétudes, d'au-tant plus grandes, que les commence-mens de ſon regne furent fort orageux. Ce fut une grande joie lorſqu'elle apprit qu'il étoit triomphant, elle ne pouvoit plus le voir par elle-même; car pendant les dernieres années de ſa vie, ſon grand

âge, ses infirmités ne lui permirent plus
guères d'aller à la Cour. Elle ne sortit
même plus de sa chambre pendant la
derniere année, ce qui fut une mortifi-
cation pour elle ; car elle avoit toujours
été fort active, & aimoit beaucoup l'e-
xercice. Son plaisir favori étoit la chasse :
plaisir fort connu aux Dames de son
temps, parce que sous François I. &
Henri II, il ne se faisoit point de partie
de chasse que les Dames n'en fussent.
C'étoit souvent à qui se montreroit la
plus infatigable. Cette vie agissante étoit
fort du goût de Diane, cependant elle
sçavoit mieux qu'une autre s'accommoder de la vie tranquille ; parce qu'ayant
l'esprit fort orné, aimant & cultivant
les Lettres, recherchant les Sçavans qui
trouvoient en elle une protectrice, elle
y trouvoit mille douceurs, & le remède
contre l'ennui. Elle parloit fort bien les
Langues Italiennes & Espagnoles, & entendoit la Latine ; ainsi elle trouvoit

moins d'étrangers que les personnes de
son sèxe qui, pour l'ordinaire, ne peuvent converser qu'avec leurs conci-
toyens : quoique sçavante, jamais avec
ses égales elle ne prit l'empire que donne la science, & qui devroit être une
juste récompense des travaux, afin d'inspirer aux esprits vains, aux sots, aux
fats, aux ignorans, l'amour du travail &
leur donner de l'émulation. Mais malgré toutes les ressources qu'un bon esprit
fournit lorsqu'on est seul, la Duchesse
recherchoit & aimoit fort la bonne compagnie, persuadée qu'on s'y délasse,
qu'on s'y amuse, & qu'on s'y instruit :
lorsqu'on est seul on se laisse aisément
séduire par ses découvertes, parce qu'on
ne voit qu'un chemin aplani. Il n'appar-
tient qu'aux autres à nous faire voir les
difficultés qu'il y a à surmonter. L'a-
mour propre peut - être pouvoit lui inspirer ce goût, parce qu'elle brilloit fort
dans la conversation, ce qui lui étoit

facile, parce qu'elle s'énonçoit aisément,
avec grace, & qu'elle avoit une mémoire des plus heureuses. Peu de mois avant
sa mort, elle répétoit encore des scènes
entieres d'une Comédie, où elle avoit
joué son rôle à l'âge de douze ans : comme sçavante & grande dévote, elle prenoit un singulier plaisir à entendre de
bons Prédicateurs : elle assistoit regulie-
rement à leurs sermons : lorsque ses infirmités l'en empêcherent, elle en faisoit venir en son hôtel. Toute sa maison
s'assembloit & venoit participer à la même faveur. Elle sçut dans tous les temps
montrer que la véritable piété peut s'allier avec tous les états, & que plus on
est élevé, plus il est facile de la rendre
aimable & respectable au peuple. Enfin
après bien des souffrances, son dernier
moment arriva : la Duchesse le vit sans
frayeur, & fit un sacrifice volontaire de
ce qui pouvoit l'arrêter ici-bas ; car plus
elle s'apperçut qu'elle approchoit de ce

terme qui devoit l'enlever à fa famille, plus fon affection pour elle redoubla : c'étoit pour elle des enfans qu'elle avoit vu naître, & qui lui devoient une feconde vie, parce qu'elle s'étoit elle-même chargée de l'éducation de fes niéces & autres parens, & qu'on eft toujours fort jaloux de voir les fruits de fes travaux : les vieilles perfonnes le font encore davantage. Ce fut le 11 de Janvier 1619 que Dieu l'appella à elle, à l'âge de quatre-vingt ans. Elle mourut à Paris, dans fon hôtel d'Angoulême ; après une très - longue maladie qui lui donna le temps de fe préparer à un paffage que les vieilles gens fouvent voyent avec plus de frayeur que les jeunes. Elle fut enterrée dans l'Eglife des Minimes de la Place-Royale, en une Chapelle qui porte fon nom, & qu'elle avoit fondée. Son tombeau, élevé par les foins de fa famille, s'y voit encore. En 1606 elle avoit tenu fur les Fonds de Baptême

pour

pour l'Infante Archiduchesse Madame Elisabeth de France qui fut Reine d'Espagne.

On trouve encore quelques exemplaires de l'Oraison Funébre de cette Princesse, prononcée par le Pere Morgues, bien propre à nous faire connoître le goût du temps. L'on seroit bien étonné d'entendre aujourd'hui un Prédicateur dire, faisant allusion au nom de Diane ; » son hôtel étoit un génicée de pudeur, » en un mot, la maison de Diane, l'en-» trée de laquelle étoit défendue aux » Faunes & aux Satyres lascifs : que si » quelque téméraire eût voulu tenter à » la pudicité de ses filles, la punition » d'Actéon n'eût été rien au prix de la » sienne. «

Ce fut la Duchesse qui fit bâtir l'hôtel d'Angoulême qui est dans la rue Pavée, & qui depuis a passé dans la Maison de la Moignon. Comme elle étoit sans enfans, elle institua son légataire universel

Tome I. K

François de Valois, fils du Comte d'Auvergne, qui eut après la mort de la Ducheſſe le Duché d'Angoulême. Ce fut
par les ſoins de ſes héritiers qu'on lui
éleva dans l'Egliſe des Minimes un ſu-
perbe tombeau qui eſt dans la Chapelle
d'Angoulême. Le corps de cette Princeſſe eſt dans le caveau qui eſt deſſous cette
Chapelle ; ſur le cercueil on lit cette inſ-
cription : Diane de France, fille & ſœur
légitimée des Rois, Ducheſſe d'Angoulême, Douairiere de Montmorenci, dé-
cédée à Paris, le onzieme Janvier 1619,
âgée de quatre-vingt ans : au-deſſus, en
dehors eſt une ſtatue en marbre blanc,
d'une Dame à genoux ſur la table de
marbre noir qui eſt vis-à-vis. On lit cette
Epitaphe :

» Piis manibus memoriæque ſacrum Dianæ
» Franciæ, Duciſſæ Engolimenſis, Chriſtia-
» niſſimæ Regis *Henrici II*, natura filiæ &
» injura legitimorum natalium aſcriptæ quæ
» primum Horatii Farneſci, Ducis Caſtrenſis,
» in obſidione hedina caſi paucis diebus uxor;

» poſtmodùm Franciſco Memorancio illuſtriſ-
» ſimæ Familiæ Principi elocata, ſuſceptoqüæ
» ex eo unius diei & longi mæroris filio vidua
» relicta, diù ſuperſtes fuit carnaliarum virtu-
» tum concurſu tùm integra pudicitiæ fama
» inſignis cultuque in Deum, Regemque in-
» comparabili cujuſvel maximum documen-
» tum dedit, cum ſubinitia civilis belli depo-
» ſito apud illam fidei pignore inter duos po-
» tentiſſimos Reges *Henricum III*, Franco-
» rum, & ejus mox ſucceſſorem Henricum
» Navarorum Regem mutua concordia atque
» amicitia ſtabilita eſt ; tandem ut quod acer-
» bo prolis caſu perdiderat, adoptione reſar-
» ciret moriens Franciſcum Valeſium ex Re-
» gia ſtirpe pronepotem ſibi hæredem exaſſe
» inſtituit, eique incertæ mortalium vitæ me-
» mor Ludovicum fratrem non minùs virtutis
» quam ſanguinis conjunctione germanum
» ſubſtituit obiit octogenaria major, anno ſa-
» lutis 1619 Januarii 19.

MADELEINE DE FRANCE,

Princeſſe de Viane.

Madeleine de France étoit la cinquié-me fille de Charles VII. & de Marie d'Anjou : ſa beauté & ſon mérite pré-coce la firent rechercher par tous les Princes de ſon temps. Ladiſlas, Roi de Hongrie, & fils d'Albert II. d'Autriche, fut celui qui eut la préférence. Il l'en-voya demander avec le plus pompeux appareil. Le Roi reçut les Ambaſſadeurs à Tours, & leur accorda ce qu'ils de-mandoient : la Princeſſe fut auſſitôt fian-cée avec un Prince qu'elle ne devoit ja-mais voir ; car il mourut quelque temps après, empoiſonné, à ce qu'on croit, à cauſe de ſon zèle pour la Religion. Alors Madeleine fut promiſe à Gaſton de Foix, fils aîné de Gaſton & de Léonore d'Arragon, héritiere du Royaume de

Navarre. Ce mariage fut conclu à Tours,
mais ne fut célébré qu'un an après la
mort de Charles VII. & du Prince de 1462.
Viane qui mourut à Barcelonne, empoifonné dans fa quarante - uniéme année
par la Reine d'Arragon fa belle-mere,
& mere du fameux Ferdinand. Par cette mort, Eléonore devint héritiere du
Royaume de Navarre, parce qu'on prétend que, pour avoir ce titre, elle fit
empoifonner Blanche fa fœur aînée ;
mais fi cela eft, elle n'eut guères le profit
de fon crime, car Jean, Roi d'Arragon
& de Navarre, ne mourut qu'en 1468,
& Eléonore mourut quinze mois après ;
ainfi ce fut là tout le temps de fon regne.
Son mari & fon fils l'avoient précédé.
Le Prince étoit mort dès 1470, ainfi
Madeleine ne fut avec lui que huit ans,
temps bien court pour des époux qui
s'aimoient auffi tendrement. Auffi la
Princeffe ne l'oublia jamais. Elle lui
conferva fon cœur même après fa mort ;

car jamais autre que lui ne la posseda :
elle se disoit, ainsi que cette femme illustre de l'antiquité ; s'il est mort pour
les autres, il ne l'est pas pour moi. Cette mort l'affligea tellement qu'elle re-
nonça à tout : pour nourrir sa douleur,
elle se jetta dans la solitude ; mais pour
la pouvoir supporter, & qu'elle fût pour
elle une espéce de consolation, elle donna son cœur à Dieu, & se livra aux exercices de dévotion, sans oublier cependant ce qu'elle devoit à ses enfans. Elle
en avoit deux, un garçon & une fille.
Comme ils lui rappelloient ce qu'elle
avoit tant aimé, jamais elle ne les perdit
de vûe. Les regardant comme ce qu'il
lui avoit laissé de plus précieux, elle ne
voulut jamais confier à d'autres le soin
de leur éducation : elle les éleva avec
l'attention de ces femmes qu'on gage
pour prendre ce soin. Elle étoit persuadée que c'est une fausse délicatesse de
s'en décharger sur elles, & que c'est

même souvent une témérité. Bien loin qu'elle crût que ce fût au-dessous de son rang de leur rendre des services attachés à sa qualité de mere, elle croyoit que c'étoit en relever la grandeur. Car qu'y a-t'il de plus flatteur pour une mere, que de songer que la terre qu'elle culti-ve, sera un jour pour le peuple, & qu'en recueillant au centuple le fruit de ses travaux, il bénira la main qui l'a ense-mencée? D'ailleurs la Princesse avoit non seulement les vertus, les talens né-cessaires pour former le cœur d'un en-fant au bien, mais encore pour en faire un grand Prince. Elle s'appliqua de bon-ne heure à lui inspirer qu'il falloit être vrai, mais discret; bon, sans foiblesse; à n'avoir point d'humeur, parce qu'il doit paroître sur un théâtre, où en tout temps on aura les yeux fixés sur lui; à ab-horrer le vice, parce qu'il le doit punir, mais inutilement; à fuir la paresse, parce que la vie la plus active ne peut suffire,

quand un Prince veut remplir ſes devoirs ; il ſe doit à ſon peuple ; à aimer
les gens de bien , à s'appliquer à les connoître , parce que ne pouvant tout faire
par lui-même , il eſt obligé de dépoſer
ſon autorité dans les mains d'autrui ; s'il
en abuſe , le blâme , le reproche tombe ſur le maître ; car ce n'eſt pas la
bonté d'un Roi qui peut rendre un peuple heureux , ce ne ſont que les effets de
cette bonté. N'eſt-il pas encore plus blâmable , ſi ayant les qualités neceſſaires
pour faire ſon bonheur, il les rend inutiles , & n'emploie que des gens qui les
rendent préjudiciables pour le peuple ?
Madeleine eut la douce conſolation de
trouver des cœurs dociles ; mais qu'elle
fut courte !

Eléonore, Reine de Navarre, mourut
en 1479, laiſſant ſa Couronne à François Phœbus ſon petit - fils. Comme il
n'avoit que onze ans , par ſon teſtament
elle déclara la Princeſſe de Viane, Régente

du Royaume & Tutrice de fon fils, qu'elle
mit en même-tems fous la protection de
Louis XI. Eléonore qui avoit grande confiance en la Princeffe, lui recommanda
fur-tout de ne marier aucun de fes enfans en Efpagne, & de veiller fur Ferdinand & Ifabelle qui ne cherchoient
que l'occafion d'envahir la Navarre : la
fuite vérifia qu'elle prévoyoit les chofes
de loin.

La Princeffe de Viane étoit dans le 1479.
pays de Foix lorfqu'elle apprit la mort
& les difpofitions d'Eléonore. Son premier foin fut d'envoyer auffitôt en Navarre le Cardinal de Foix & fon frere,
pour tâcher d'y rétablir l'union entre les
Beaumonts & les Grammonts, ou du
moins d'arrêter le cours des défordres
que leurs divifions, fomentées par Ferdinand, caufoient dans le Royaume. Chaque parti étoit maître de plufieurs places ;
ainfi il y avoit à craindre qu'en pouffant
l'un à bout, il ne fe jettât entre les bras de

K v

Ferdinand qui n'attendoit que l'occasion.
Voyant qu'elle ne venoit pas assez-tôt à
son gré, il envoya offrir au Cardinal de
Foix une armée pour rétablir la paix
dans le Royaume ; mais la Régente prévoyant son dessein, lui dit que ce ne seroit se débarrasser des pattes de l'ours que
pour tomber sous la griffe du lion. Elle
travailla à concilier les deux partis. Elle
en vint à bout : néanmoins la paix fut
courte, parce que le Comte de Beaumont tua le Connétable Peralle pour avoir
rompu le mariage de Philippe, fils du
Maréchal de Navarre avec la fille du
Comte. On ferma les yeux sur cet at-
tentat. Le Cardinal de Foix vint à bout,
par adresse, de renouer la paix. Pour la
cimenter, la Régente amena le jeune
Roi dans ses Etats, & lui fit faire la vi-
site de son Royaume, persuadée que la
présence du Souverain suffit pour appaiser les esprits, & pour se gagner les
cœurs. Elle eut sujet de se réjouir de

cette conduite ; car par-tout où ils paf-
ferent on les vit avec une joie que la
vertu de la Princeffe & l'innocence du
fils infpiroient. Voyant les chofes en fi
bon train, elle fit défendre, fous peine
de vie, qu'on fe fervît du nom *de Beaumont* ou *de Grammont* comme d'un fo-
briquet qui fervoit de fignal pour exci-
ter des féditions. Ainfi la Princeffe main-
tint en paix les Etats de fon fils par fon
courage, fa prudence & fa fermeté ; &
par fa prévoyance faifoit avorter les
mauvais deffeins de quelques féditieux
& de fes voifins ; mais il en eft de fi
noirs que les plus grandes attentions ne
peuvent empêcher. On commençoit à
goûter les douceurs de la paix, lorfqu'un^e
mort imprévue enleva le jeune Roi qui
faifoit concevoir les plus flatteufes efpé-
rances. Il fut empoifonné : Ifabelle &
Ferdinand furent plus que foupçonnés
d'être les auteurs de cette action abo-
minable, parce que la Régente l'avoi

K vj

refusé pour l'Infante de Castille. Ce jeune Prince n'eut que le temps de se jetter au col de sa tendre mere, & de lui dire : *ô vous, à qui je dois tant ! ne vous affligez point de ma mort ; mon royaume n'est pas de ce moude, je m'en vais où le Pere céleste m'appelle.* Il expira entre les bras de sa mere qui, à cause de la violence du poison, ne put lui donner aucun secours. Ce fut le 29 de Janvier, à l'âge de seize ans.

1483.   Cette funeste catastrophe eût fait expirer la Régente de douleur, si elle ne l'eût jettée dans des embarras qui l'empêcherent de donner toute son attention à ce qu'elle perdoit & à sa douleur. Le jeune Roi n'avoit qu'une sœur, nommée Catherine, qui, selon les loix du Rooyaume, devoit être son héritiere : pour la faire reconnoître, elle convoqua aussitôt les Etats du Royaume. Elle fut reconnue sans difficulté, & la Régence fut laissée à la mere, ne pouvant être en

de meilleures mains. La jeune Reine
avoit environ treize ans, ainsi elle avoit
grand besoin d'avoir un si bon guide.
La couronne qu'elle avoit sur la tête fit
bien des soupirans. Dès qu'Isabelle &
Ferdinand eurent appris son couronne-
ment, ils l'envoyerent demander en mariage pour l'Infant qui n'avoit par trois
ans. Cette seule raison eût suffi pour le
rejetter ; car l'intérêt du Royaume demandoit qu'on choisît un maître en état
de gouverner. Ce fut la réponse que
donna la mere de la jeune Reine. Les
Navarrois s'expliquerent plus nettement:
ils dirent qu'ils ne vouloient point d'alliance avec les meurtriers de leur Roi.
Le Roi d'Arragon & la Reine de Castille voyant leurs démarches inutiles, s'a-
dresserent au Comte de Beaumont , &
par son moyen entrerent dans la Navarre, & se saisirent de plusieurs places.

Ces troubles firent songer la Princesse
de Viane à marier sa fille. Un homme

ayant toujours plus de pouvoir qu'une femme ; d'ailleurs Jean de Foix, Vicomte de Narbonne cherchoit à profiter des circonſtances pour répéter, comme mâle, les Comtés de Foix & de Bigorre : ainſi Catherine avoit beſoin de forces pour ſoutenir ſes droits. Madeleine jetta les yeux ſur la Maiſon d'Albret, & y trouva Jean, fils d'Alain d'Albret, qui avoit pour pere Jean d'Albret, Maréchal de France. Le mariage ſe conclut à la ſatisfaction des parties, & fut célébré ſur la fin de 1484. La Reine trouva un mari qui lui apporta de grands biens, & Jean, outre une couronne, une femme à qui ſa mere avoit donné la plus belle éducation, elle lui avoit appris à ne jamais ſe prévaloir du rang, des déférences que les hommes pour eux - mêmes accordent à ſon ſèxe : de ſonger que pour être heureuſe, il faut qu'une femme ſe ſoumette aux mêmes regles de la ſociété que les hommes ; que ſon ſèxe

n'autorife pas le droit qu'elle fe permet,
d'avoir de l'inégalité dans l'humeur,
dans le caractère ; d'être hautaine, ca-
pricieufe ; tantôt de faire parade de commettre le mal pour inquiéter, & tantôt
d'affecter de n'en avoir pas fait la pen-
fée, & de vouloir paroître trop innocente : l'affectation en tout eft ridicule :
il eft ridiucle à une fille, une femme d'un
certain âge d'affecter d'ignorer tout, &
d'avoir une infenfibilité que le rouge de
fes joues dément, lorfqu'elle foutient
fa thèfe : fouvent elle fe fait un mérite
imaginaire de ce qui précifément peut
lui en ôter beaucoup ; car vouloir toujours paroître infenfible, c'eft perdre le
mérite qu'il y a à réfifter aux penchans
féduifans vers lefquels la nature fait
pencher le cœur. Cette indifférence ne
fera pas plus louable que celle d'un arbre qu'on abbat à grands coups de hache
fans qu'il fe plaigne : toute fingularité,
toute opiniâtreté donnent un ridicule,

qui bientôt rend méprifable. Comme
elle fçavoit que la Princeffe feroit fur
un plus grand théâtre que les autres,
fans fonger cependant alors qu'elle feroit Reine de Navarre, elle prit plus de
foin pour former ce jeune cœur : elle
s'étoit guéri du préjugé, que c'eft prudence de fe repofer fur le temps, &
qu'il eft inutile d'apprendre à éviter des
dangers auxquels jamais peut-être on ne
fera expofé. Lorfqu'on les connoît, on
les prévient, & on s'en garde plus aifément : combien font naufrage par ignorance ? lorfqu'on eft dans le précipice a-
t'on toute la préfence d'efprit pour fonger à s'en retirer ? D'ailleurs il eft inutile fouvent pour lors. Sa fille devant
vivre dans le monde, elle le lui fit connoître & lui apprit qu'une fille de quinze
ans doit l'envifager autrement qu'à trente,
qu'il ne faut pas paroître vieille de bonne
heure, qu'il faut conferver l'ignorance des
perfonnes de fon âge, montrer une ingé-

nuité qui caractérise un jeune cœur, une simplicité qu'on peut allier avec l'esprit & les saillies ; avoir une douceur, une complaisance bienséante avec les personnes bien au-dessous d'elle, ce qui fait connoître les impressions d'une bonne éducation ; d'être naturelle en son maintien, en ses gestes, en ses démarches, en sa façon de s'énoncer : une femme en qui tout est grimace, bientôt ne verra plus que des singes autour d'elle. Comme la Princesse de Viane ne songeoit point à faire de sa fille une petite maîtresse, elle lui représenta le ridicule qu'une femme jette sur sa conduite, lorsqu'elle s'étudie du matin au soir à se parer, à s'assujettir à toutes les nouvelles modes : lorsqu'elle se force à l'imitation d'une certaine démarche, qui souvent ne sert qu'à faire voir dans un plus grand jour son air gauche : lorsqu'elle se désespère d'une boucle tombée, d'un cheveu qui ne prend pas le tour qu'elle

voudroit, & qu'en voulant paroître semblable à une grace , elle prend le ton
d'une furie, & que semblable à Méduse,
sa tête sert à pétrifier, pour ainsi dire ,
toutes celles qui la servent : lorsque pour
embellir, conserver sa face , elle voudra
épuiser tous les secrets des Parfumeurs,
lorsqu'on lui verroit de l'inquiétude,
de l'empressement pour tout, & en paroître rassasiée au moment qu'on aura
tout employé pour la satisfaire : faire
mille interrogations , & ne jamais attendre la réponse d'aucune : montrer en
toute occasion un air distrait : donner
des louanges toujours déplacées, & les
remplacer par des médisances, des critiques contre les personnes de son sèxe
qui ne font pas imitatrices de pareilles
folies. Elle lui apprit que les ornemens
de la nature ne devoient point lui servir à se faire connoître , remarquer ,
& pour attirer, pour ainsi dire, les hommes : qu'on juge par toutes ces leçons

qu'on peut multiplier à l'infini.

Qu'il n'eſt point ſi facile qu'on penſe de jetter dans un jeune cœur les principes d'une bonne éducation ; & ſi l'on pouvoit s'en perſuader, confieroit-on ſi aiſément l'éducation de ſes enfans à des perſonnes qui, pour l'ordinaire, n'ont pu en recevoir, & qui n'ont d'autres qualités qu'un air impoſant ? Une femme de cour confie l'éducation d'une fille qu'elle deſtine à la remplacer, à une Religieuſe ; c'eſt-à-dire, que pour lui faire connoître le monde, elle lui choiſit un guide qui ne l'a jamais vu, ni connu, & qui n'a d'autres connoiſſances que celles qu'un ſolitaire lui aura données. Après cela, faut-il être étonné que de pareilles leçons faſſent ſi peu d'impreſſion dans le cœur, parce qu'elles ſont inutiles lorſqu'il les faut appliquer ? il en eſt à peu près comme de ces ouvrieres qui n'apprendroient à leurs apprenties qu'à tailler, qu'à faire des habits à la Romaine ;

elles auroient appris, il est vrai, quelque chose; mais à quoi cela serviroit-il à des filles qui n'auroient jamais que des Françoises à habiller? Voilà des digressions bien longues, dira-t-on, & peut-être inutiles. Mais c'est l'histoire du cœur; & si elle n'est pas fertile en révolutions, du moins l'intérêt que chacun y devoit prendre peut la faire voir sous une autre face; & si l'on détaille par quels moyens, quels secours, quelle adresse un Général a gagné une bataille, un Ministre fait échouer les desseins de ses voisins, une femme a subjugué un Conquérant; pourquoi taire celui qui apprend à se conduire & les autres. Ces vies ne sont point faites pour former des Généraux, des Conquérans, des Ministres, mais le cœur des femmes, & les instruire de leur principal devoir, qui est de donner une bonne éducation à leurs enfans, c'est remplir son but; ces enfans souvent sont destinés pour gou-

verner un Etat, ainſi les ſoins de l'éducation devroient-ils être mépriſables. Ils
ne le furent jamais aux yeux des grandes
ames. Pour former les Gracques, il fallut une Cornelie. Pour rendre heureux
les Navarrois, une Princeſſe de Viane.
Tant qu'elle vécut, jamais Ferdinand &
Iſabelle ne purent rien entreprendre, les
peuples jouirent d'une paix dont ils ne
connoiſſoient plus depuis long-temps les
douceurs. On ne voit que trop ſouvent
ceux qui les gouvernent, faire éclater
leur compaſſion pour les malheureux,
verſer des larmes ſur eux, & cependant
ces mêmes perſonnes les écraſent, & faire
de leur miſére l'odieux caractere de la
dureté qu'elles exercent ſur ſes infortu-
nées victimes : mais Madeleine penſoit
mieux, elle faiſoit taire la politique dès
qu'elle ne pouvoit s'allier avec l'équité,
l'humanité. Elle eut le plaiſir de voir
que dans la pratique elle eſt, comme dans
la ſpéculation, très-utile & glorieuſe

pour qui la prend pour regle. Le mariage de sa fille ne lui fit rien perdre de son autorité : son mari eut pour elle la tendresse qu'un fils a pour sa mere : le respect qui est dû à la vertu, & en elle la confiance qu'on prend en une personne qui a tous les talens nécessaires pour bien gouverner un Etat. Jamais il ne fit rien sans la consulter, & il se trouva toujours très-bien d'avoir suivi ses conseils. Ce fut par sa prudence, sa bonne conduite qu'elle répara les désordres de l'Etat, & qu'elle lui rendit la paix. Elle eut la consolation, en mourant, de voir que son fils & sa fille recueilloient le fruit de ses peines; car ils commençoient à jouir tranquillement. Ferdinand & Isabelle sembloient avoir renoncé à leurs projets : il ne restoit plus que le souvenir des factions & des Beaumonts; mais malheureusement ils perdirent trop tôt cette illustre Princesse : l'ouvrage avoit besoin d'elle pour être fortifié. Le Roi

& la Reine virent en cette occasion la vérité du proverbe, qu'on ne connoît le prix d'une chose que par sa perte. C'en fut pour eux une irréparable : quoique souvent les Grands n'y soient sensibles que par bienséance, n'aimant point d'ordinaire à voir sous les yeux ceux à qui ils ont de trop grandes obligations. Mais la Princesse trouva des enfans & des maîtres plus reconnoissans : ils la regrettèrent sincerement, ainsi que tous leurs Sujets. Sa vertu, sa fermeté lui avoient donné le moyen de se faire aimer, respecter & craindre. Elle sçavoit dissimuler une injure, lorsqu'elle ne pouvoit la punir ; mais sans montrer de crainte & de foiblesse, au contraire elle avoit, en de pareilles occasions, le mérite de la douceur & de la clémence. Elle mourut 1494. vers le milieu de l'année 1495, après une maladie qui lui donna le temps de se préparer à faire un chemin dont la plus haute fortune ne peut difpenfer. Souvent même elle ne fert qu'à le rendre plus pénible ; car mieux on fe trouve, & plus il en coûte lorfqu'il faut faire le facrifice ; mais la Princeffe s'y étoit préparée de loin ; & pour apprendre à bien mourir, elle avoit commencé à apprendre à bien vivre. Elle fut inhumée dans l'Eglife Cathédrale de Pampelune, en la Chapelle des Rois de Navarre : quelques-uns placent fa mort en 1486, mais fûrement elle n'étoit point morte fitôt : ceux-ci conviennent avec Favin qu'elle s'étoit trouvée l'annéequi précéda fa mort, au facre de Jean & de Catherine. Ils ne furent facrés & couronnés qu'en 1494, qui, felon notre façon de compter, eft 1495, parce qu'alors l'année ne commença qu'à Pâques. Ainfi fa mort ne peut être arrivée qu'en 1495, d'autant qu'on dit que les troubles de Navarre recommencerent auffitôt après la mort

de

de la Princeſſe, ce qui fut en 1 4 9 6.
„ Tant qu'elle vécut, dit Favin, *Hiſt.*
„ *de Navarre*, par ſa ſage prudence &
„ ſa bonne conduite, les affaires dudit
„ Royaume ſe virent en bon chemin ;
„ mais après ſa mort les troubles précé-
„ dens appaiſés commencerent à re-
„ prendre nouvelles forces par les ini-
„ mitiés mortelles de ces Maiſons de
„ Beaumont & de Grammont. . . . . .
„ Le Roi de Navarre, dit-il plus haut,
„ eut une entrevue avec Ferdinand au
„ mois de Juin mil quatre cens quatre-
„ vingt-quinze, auquel an décéda, en la
„ ville de Pampelune, Madame Made-
„ leine de France, Princeſſe de Viane. «
Cette Princeſſe, comme j'ai déjà dit,
fut mere de deux enfans ; ſçavoir de François Phœbus, Roi de Navarre, & de
Catherine, Reine du même Etat, qui
eut pour époux Jean d'Albret, dont elle eut Henri d'Albret, pere de Jeanne

Tome I. L

d'Albret, qui époufa Antoine de Bourbon qui fut pere de Henri IV, Roi de France & de Navarre. Ce fut fur Jean fon bifayeul que Ferdinand, en 1512, ufurpa la haute Navarre.

MARGUERITE D'ANGOULEME.

Duchesse d'Alençon, de Berri, Comtesse d'Armagnac, Reine de Navarre.

CEtte Princesse, sœur de François I. étoit fille de Jean, Comte d'Angoulême, & de Louise de Savoie. Elle nâquit en 1390. La nature sembla avoir pris plaisir à l'enrichir de ses faveurs. Elle lui donna de la beauté, un esprit supérieur, des talens pour réussir dans les négociations comme dans les sciences; une fortune capable de satisfaire la plus ambitieuse; elle se vit Reine & sœur du premier Roi de l'Europe. » C'étoit une » Princesse, dit Brantome, d'un grand » esprit & fort habile, douce, très-bon-» ne, gracieuse, belle, bref, digne d'un » grand empire. « Son bonheur la suivit au de-là du tombeau ; car tous les Sçavans de son temps l'ornerent de

L ij

fleurs. Elle se connut assez bien ; car elle prit pour devise un lys entre deux marguerites avec cette légende : *Mirandum naturæ opus* , ouvrage merveilleux de la nature : elle avoit raison , car on peut dire qu'elle étoit un échantillon de ceux que la nature nous montre seulement de temps en temps pour nous persuader qu'elle en sçauroit faire , si elle vouloit, de pareils.

Charles d'Autriche , Roi d'Espagne, qui fut Empereur, la rechercha en mariage , & ne put l'obtenir , parce qu'elle pouvoit devenir héritiere de grands biens , qu'on ne vouloit pas qui passassent dans une Maison étrangere. On lui fit épouser Charles de Valois, dernier Duc d'Alençon, de qui il n'eut point d'enfans ; il mourut le 11 Avril 1525, six semaines après la perte de la bataille de Pavie, où François I. fut fait prisonnier. Le regret qu'en eut le Duc d'Alençon, le mit au tombeau, fort re-

gretté de Marguerite qui vivoit heureu-
fe avec lui. Après lui avoir rendu les 1525.
derniers devoirs, elle ne crut pouvoir
mieux employer fon loifir qu'en le con-
facrant à fon frere. Ce fut en cette occafion qu'elle fit voir la nobleffe de fes
fentimens, la grandeur de fon courage
& fon habileté. Sans être arrêtée par les
fatigues d'un voyage très - long, & la
délicateffe de fon sèxe, dès qu'elle fe
vit libre, elle réfolut d'aller partager
avec François I. les ennuis & les dégoûts
de la prifon. Elle fut s'embarquer à Ai-
gues-mortes, & de Barcelonne elle paffa
en Caftille, d'où elle fut à Madrid, où le
Roi étoit. Ce fut une grande confolation
pour ce grand & infortuné Prince ; car
à peine fut-elle arrivée qu'il tomba très-
dangéreufement malade de fatigue & de
chagrins. La Ducheffe eut pour lui toutes les attentions poffibles, & lui rendit
les fervices qu'il ne pouvoit exiger que
des derniers domeftiques. Jamais elle

ne fut si grande que dans cette espéce
d'humiliation. A peine le vit-elle hors de
danger, qu'elle s'appliqua à en prévenir
d'autres, parce qu'il étoit bien difficile
que sa situation ne fût un obstacle au
recouvrement de sa santé : jusqu'alors
Charles V. avoit été intraitable. La maladie qu'eut le Roi lui fit faire de soli-
des réflexions ; car si le Roi fût mort,
il eût perdu tout le fruit de sa victoire :
ainsi ayant intérêt à sa conservation, il
fit quelques belles promesses, & conju-
ra le Roi, qu'il n'avoit pas voulu voir
jusqu'alors, à ne penser qu'à recouvrer sa
santé, pour pouvoir au plutôt retourner
en son royaume. Mais dès qu'il le vit
rétabli, il commença à reprendre son
caractère naturel. La Duchesse employa
toute son habileté pour l'engager à faire
un accommodement honnête ; mais la
cession de la Bourgogne qu'il vouloit, étoit
un obstacle à la paix insurmontable. Il
voulut même tenter la fidélité de cette

Princeſſe , en lui propoſant en mariage
le Connétable de Bourbon , à qui François I. pouvoit imputer ſon malheur ,
ayant ſervi contre lui en la malheureuſe
journée de Pavie. Mais cette Princeſſe ,
loin d'être ſenſible à ce témoignage in-
téreſſé d'amitié , ne fut que plus ferme
à rejetter tout accommodement onéreux
pour la France & honteux pour le Roi.
Elle repréſenta à ſon frere , que la fermeté ſied bien à un Prince , & que c'eſt
dans l'adverſité , comme au milieu d'un
combat , qu'il faut faire voir ſon courage. Le Roi d'Eſpagne piqué de voir
que cette Princeſſe n'étoir point femme
à s'effrayer , à céder par foibleſſe , à ſe
relâcher , ſongea à l'en faire repentir &
à eſſayer , ſi étant dans le cas de ſon frere , elle pratiqueroit les conſeils auſſi
bien qu'elle les donnoit. Il réſolut de la
faire arrêter. Il n'oſa le faire ouvertement ; mais comme le ſauf conduit qu'elle avoit demandé étoit prêt d'expirer ,

L iv

il chercha à l'amuser. La Duchesse voyant son changement, prévit son dessein, & ne lui en laissa que la honte. Il donna effectivement ordre de l'arrêter le jour que le sauf-conduit expireroit ; mais elle se mit en marche, & fit tant de diligence qu'elle fit, en un jour, le chemin de quatre journées, & heureusement que Clermont de Lodeve se trouva à Salses, près Perpignan, avec une bonne escorte lorsqu'on se présenta pour se saisir d'elle. Sa compagnie fit peur. Charles pour excuser un procédé si peu honnête envers une Dame, dit qu'elle avoit cherché à faire évader le Roi ; mais on pensa qu'il eût dû plutôt l'en louer, si elle l'eût entrepris, & que le peu de bonne foi qu'il avoit montré ne pouvoit s'excuser (1).

____

(1) Quoique l'Empereur traitât assez mal son prisonnier, néanmoins il ne souffrit pas que personne lui manquât de respect. François I. ayant joué avec un Grand d'Espagne,

La Duchesse étant arrivée heureusement en France, pressa la Régente sa
mere, d'employer des moyens moins
doux pour retirer le Roi des mains de
Charles; elle fit si bien qu'elle engagea
dans sa querelle le Pape, les Vénitiens
& le Roi d'Angleterre, ce qui rendit
plus traitable l'Empereur.

Au commencement de Février de l'an-
née suivante, il rendit la liberté à Fran- 1526.
çois I, cependant à des conditions si oné-
reuses, qu'en même-temps que ce Prince
signa le Traité il protesta contre. Il arriva
le 18 de Mars à Bayonne, d'où il se rendit
à Bordeaux. Ce fut là que Henri II d'Al-

---

fut si heureux qu'il gagna une somme immense.
Le Grand, fâché de la perte, en payant le Roi,
lui dit fiérement, garde cela pour ta rançon.
Le Prince peu accoutumé à entendre de pareils
discours, lui donna un coup du pommeau de
son épée sur la tête si rudement, qu'il en mourut. Quelques jours après, ses parens demande-
rent justice à Charles qui, ayant appris ce qui
s'étoit passé, leur dit, le Roi de France a bien
fait; tout Roi est Roi par-tout.

bret, Roi de Navarre, qui avoit été auſſi priſonnier à la journée de Pavie , mais qui , plus heureux que François, n'avoit traité de ſa rançon qu'avec ſes Gardes qu'il trouva fort traitables , le vint trouver. Par le traité de Madrid, il avoit promis de ne donner aucun ſecours au Roi de Navarre pour recouvrer ſon Royaume , & d'abandonner ſon parti ; mais pour faire voir que s'il l'abandonnoit comme Roi , il le ſecoureroit comme frere , il lui promit en mariage ſa ſœur , & la lui fit épouſer dès qu'il fut à Saint-Germain. Le Roi donna pour dot à Marguerite le Comté d'Armagnac, pour en jouir elle & ſes deſcendans , avec l'uſufruit des Duchés d'Alençon & de Berri , & promit de ſecourir ſon mari d'hommes & d'argent, ſi le Roi d'Eſpagne ne lui reſtituoit la haute Navarre. De ce mariage il y eut quatre enfans. Un ſeul ſurvécut. Ce fut Jeanne qui fut mere de Henri le Grand , Roi de France, & qu'on peut dire que Marguerite fit Calviniste, ce qui fut fort funeste pour la Navarre & pour la France.

Cette Reine étoit fort Catholique ; mais sans faire attention aux suites de ses démarches, elle fut fort charmée d'avoir l'occasion de faire sentir à la Cour de Rome qu'il lui étoit aussi permis de favoriser ses ennemis, qu'au Pape de seconder ceux des Rois de Navarre : en effet, c'étoit Jules II. qui avoit aidé Ferdinand à usurper la Navarre. Tous les Novateurs eurent un libre accès dans les Etats de son mari, d'autant qu'elle satis faisoit par-là son goût pour les Sciences, étant tous très-instruits, & plus sçavans que les Catholiques. D'ailleurs le masque n'étoit pas encore levé : leur Doctrine étoit encore, pour ainsi dire, à l'examen. Comme les femmes sont naturellement curieuses ainsi que tous les Sçavans, son amour-propre fut fort flatté en voyant qu'on la soumettoit à ſes lumieres. Ceux qui l'environnoient d'ailleurs, lui en cachoient le venin : ſi elle l'avala, ce fut ſans le ſentir, ſans le connoître : elle n'avoit d'autre but que de mortifier un peu la Cour de Rome de la faire rougir de la conduite de Jules, & d'être la protectrice, le refuge des Sçavans. Ce ſeul titre ſuffiſoit pour avoir part à ſes faveurs, elle les élevoit aux charges & aux dignités, ils étoient tou-jours aſſurés d'avoir la préférence; ainſi ſes Etats devinrent bientôt la pépiniere de Proteſtans. Elle ne borna pas-là ſon zèle, car les refugiés de France à Genéve, en Allemagne, avoient part à ſes libéralités : elle faiſoit étudier les plus jeunes, ſe-couroit les autres. Je crois qu'on peut la regarder comme la fondatrice de ce qu'on appelle, *la bourſe à perrette*. Elle deſtina un fond pour nourrir & entre-tenir les Sçavans ; mais tous les Sçavans étoient de la réforme. Il faut convenir qu'en s'en tenant à l'extérieur, que personne n'en étoit plus digne, & que par leur conduite ils faisoient honneur à leur Religion, qu'ils donnoient pour la plus pure, & aux Sciences qu'ils cultivoient avec un zèle infatigable. Ceux à qui elle donna sa confiance furent Lefévre & Gerard Roussel, les Apôtres du Calvinisme dans la Navarre. Marguerite fit donner au dernier l'Evêché d'Oleron, ce qui lui fournit l'occasion de pervertir les Etats du Roi de Navarre, & presque toute sa famille & sa Cour ; ce qu'il fit avec d'autant plus de facilité, que par la pureté de ses mœurs, son austérité, sa vertu, il s'acquit une grande autorité auprès de Henri & de son épouse. Pour gagner le peuple, il employoit tous les revenus de son Evêché, de l'Abbaye de Clairac que Marguerite lui donna, à la nourriture des pauvres : ensorte qu'on le regardoit comme un Saint, & qu'on croyoit aveuglément à ce qu'il disoit, ce qui étoit d'autant plus funeste que l'hé-

réfie ne fait jamais plus de mal que par
ceux dont les mœurs régulieres la met-
tent en crédit. Auffi la Doctrine de l'E-
vêque fut bientôt celle de tous les fujets
du Prince. Pour cimenter l'ouvrage,
Rouffel choififfoit, parmi les enfans des
pauvres, ceux qui avoient le plus de
difpofitions pour l'étude, les mettoit
dans une efpéce de Séminaire, où il les
faifoit élever à fes dépens. D'abord pour
ne point effaroucher & gagner la confiance de Marguerite, il affecta à l'extérieur de condamner la Doctrine de Lu-
ther, de Zuingle, de Calvin, & par des
voiés cachées donnoit vogue à leur Doctrine ; & par le crédit que la protection
de la Reine lui donnoit, introduifoit à
la Cour les partifans de fes héréfiarques.
Il traduifit pour Marguerite la Bible en
Français ; ce qui lui donna tant de contentement, que du nouveau Teftament
elle fit une efpéce de Tragédie qu'elle fit
repréfenter à Pau, ayant fait venir ex-

près les plus habiles Acteurs. Le sujet étoit fort sérieux de lui - même ; mais pour qu'il pût plaire, on l'entremêla de plusieurs rondeaux, chansons contre le Pape, les Moines, les Religieux, ce qui étoit du goût & des courtisans & du peuple, qui ne regardoient la Cour de Rome que comme fautrice des usurpations, à cause d'une prétendue Bulle que Ferdinand disoit avoir reçu pour envahir la Navarre ; mais par cette ruse, le venin de l'hérésie gagnoit, & se répandoit par-tout avec d'autant plus de dangers, qu'on n'étoit point en garde, & qu'on en connut la malignité que lorsqu'il n'y eut plus de remedes. Jeanne, fille de la Reine, ayant pour maître le fameux Béze, le goûta tellement, que lorsqu'elle se vit Reine elle abolit entierement la Religion Catholique dans ses Etats. Ce n'étoit pas là l'exemple que lui avoit donné sa mere ; car quelques années avant son décès, ayant reconnu

les rufes de ceux qui fe difoient les vrais
Chrétiens & l'abîme qu'ils creufoient
fous fes pieds, elle s'en garentit : elle retourna, dit Béze, à fa premiere idolâtrie,
& obfcurcit la gloire d'une belle vie en
écoutant & pratiquant les confeils de
ceux qui abuferent de fa facilité, & lui
firent abandonner le vrai culte. Calvin fit
plufieurs tentatives pour lui faire ouvrir
les yeux, & pour l'engager à montrer
plus de conftance & à faire ufage des lumieres qu'elle avoit reçu du Ciel pour
maintenir la vérité ; . elle fut fourde,
& répondit à Calvin que fi elle étoit
dans l'erreur, elle le prioit de venir la
lui | faire connoître ; il n'ofa fortir de
Genéve , & Marguerite profeffa hautement la Religion de fes peres, & n'en
fouffrit point d'autres. Dans un voyage
qu'elle fit à Paris, elle fe mit fous la direction de Picard, Doyen de Saint Ger-
main-l'Auxerrois. Le nom feul de ce Doc-
teur, zélé Catholique, fit voir pour qui

elle fe déclaroit. On n'en douta plus en
la voyant fréquenter affidument les Sacremens de Pénitence & d'Euchariftie.
Elle foutint conftamment ce genre de
vie jufqu'à fa mort, qui arriva le 21 de
Décembre 1549, environ deux ans après
la mort de François I. fon frere, qu'elle
étoit venu voir quelque temps avant qu'il
mourut. Ce fut dans le château d'Odos
en Bigorre que la maladie arrêta cette
illuftre Princeffe. Elle profita du temps
qu'elle lui laiffa jufqu'à fa mort pour
pratiquer tous les exercices de la Religion. Elle reçut les Sacremens de Pénitence, d'Euchariftie, d'extrême-Onction
avec toute la ferveur poffible, & ne laiffa
aucun doute fur la Religion qu'elle pro-
feffoit. Elle recommanda à fa fille qui
avoit époufé l'année précédente Antoine de Bourbon, Duc de Vendome, de
n'en point profeffer d'autres ; mais on
reconnut que les Grands ne font prefque
jamais tout le bien qu'ils pourroient &

même voudroient faire , & qu'ils font très-fouvent caufe de plus de maux qu'ils ne voudroient , tel que fût leur défir.

Le corps de Marguerite fut tranfporté d'Odos à Pau , & enterré avec toute la pompe dûe à fon rang, dans la principale Eglife. Tous les Sçavans de fon temps, comme j'ai déja dit , ont célébré la mémoire de cette illuftre Reine. Les Dames envierent auffi cet honneur. Les trois Demoifelles de Seymer , qu'on a furnommé les trois Graces Angloifes, firent à fa gloire plus de cent diftiques Latins, traduits en plufieurs langues. Valentine d'Alfinois lui compofa cette Epitaphe :

Mufarum decima & charitum quanta inclita Regum
Et foror & conjux, Marguaris illa jacet.

TRADUCTION.

Sœur & femme de Roi, fous ce marbre tient place,
Et la dixiéme Mufe & quatriéme Grace.
Vous ne pouvez méconnoître , Français ,
La Reine Marguerite , à ces finguliers traits.

Marguerite est la Fondatrice de l'hôpital des Enfans-Rouges, à Paris, où l'on nourrit des Orphelins, qu'elle vouloit qu'on appellât *les Enfans de Dieu :* sans doute pour rappeller l'obligation où l'on est de soulager ces infortunés.

Entr'autres ouvrages, cette femme sçavante a composé *le Triomphe de l'Agneau*, *le Miroir de l'Ame pécheresse*, moins connus que *sa Marguerite des Marguerites*, *ses Contes*, *ses cent Nouvelles*.

CLAUDE-CATHERINE

DE CLERMONT,

DUCHESSE DE RETZ.

Rien n'est plus capable de détruire le préjugé que les femmes ne sçavent s'appliquer qu'aux bagatelles & aux sciences de vains amusemens, que l'exemple de l'illustre Catherine. Le sçavoir de cette femme fut la honte de la Noblesse de son temps, & le seroit même d'un autre siécle ; » car il faut avouer, dit M. de » Fontenelle, que la Nation Françoise, » aussi polie qu'une autre Nation, est » encore dans cette espéce de barbarie, » qu'elle doute si les sciences, poussées » à une certaine perfection, ne déro- » gent point, & s'il n'est point plus no- » ble de ne rien sçavoir. « Les louanges que les étrangers donnerent à Catherine firent bien connoître qu'ils n'étoient pas dans cette prévention.

Cette Dame avoit pour pere Claude de Clermont, Baron de Dampierre, & pour mere Jeanne de Vivonne, fille d'André de Vivonne, Seigneur de la Chataigneraie, & de Louïfe de Daillon du Ludes. Catherine fut le feul fruit de leur mariage. Il fembloit que la nature fe fût épuifée en la formant, du moins il étoit difficile qu'elle donnât une fille d'un plus rare mérite. Quoique fille unique, elle eut une éducation qui allarmeroit ceux qui penfent que rien n'eft plus falutaire pour la fanté, que l'inaction, l'indolence, la pareffe, & qui comparent une femme à un ouvrage méchanique qu'on n'ofe mettre en mouvement, crainte que les frottemens n'augmentent la délicateffe des piéces, & par l'ufage ne les ufent. Il eft vrai que Catherine paffa les bornes, car dévorée par le défir d'apprendre, elle paffoit les nuits & les jours à s'inftruire : mais ce pénible exercice fortifia, pour ainfi dire, fon tempérament ; elle pouffa fa carriere jufqu'à foixante ans, quoiqu'elle ait eu au moins dix enfans. Auffi ce fut par fon affiduité à l'étude qu'elle parvint jufqu'au rang auquel les plus fçavans afpirent. François de la Croix du Maine, en fa bibliothéque, la met dans la même claffe. Rien pour elle n'étoit inconnu : Poëfie, Eloquence, Philofophie, Mathématique, Hiftoire, furent des fciences qui ne purent fuffire pour l'occuper, ou du moins elle voulut puifer fes lumiéres dans les fources ; elle apprit le Grec, le Latin, & parla ces Langues avec la même facilité, & plus correctement que bien des François ne parlent leur langue naturelle. Rapin dit d'elle,

Catherine Cibo, Italienne. & d'une autre Sçavante du temps :

On les voyoit fur un Tome,
Ou de faint Jean-Chryfoftôme

> Ou bien de faint Auguftin,
> Paffant & foir & matin,
> Deffus la faincte Ecriture,
> En priere ou en lecture.
> Puis extraire de Platon,
> De Plutarque & de Caton,
> De Tulle & des deux Séneques
> Les fleurs Latines & Grecques,
> Mêlant d'un foin curieux
> Le plaifant au férieux :
> De-là leur efprit agile
> Sefgayoit dans le Virgile,
> Dont la pure netteté
> Ne fent que la chafteté.

Au refte, fa fcience ne lui fit point négliger fes autres devoirs, & ne lui fervit point, comme il n'arrive que trop aux Sçavants, pour fe faire exclurre de la fociété. Elle eut toujours de grands ménagemens pour l'ignorance, fœur aînée de la fcience, & qui, de plus, a fur elle le droit d'être toujours en poffeffion. Douce, modefte, docile, polie, complaifante, ayant une humeur égale, &

non comme ces Sçavans, toujours hérif-
fés de Grec, & qu'on ne peut, qu'on
n'ose approcher, elle faisoit les délices
des compagnies où elle se trouvoit.
Ayant un esprit droit, juste, & ce qu'on
appelle un bon esprit, elle sçavoit qu'il
doit prendre tout ce qu'il voit, ce qu'il
entend en bonne part ; qu'il condamne
toute action mauvaise en soi, mais qu'il
ne la releve pas ; qu'il justifie tout ce
qui peut être justifié, & qu'il donne un
tour heureux à ce qui est équivoque ;
elle sçavoit que nous ne devons nous
instruire que pour nous perfectionner,
& que par leur secours, il faut tirer profit même des défauts d'autrui, qu'il n'y
a personne avec qui on ne puisse profiter ; que plus on a d'esprit, mieux on
doit sçavoir l'allier avec celui des autres.
Il est plus facile à un sçavant de faire
briller un ignorant, qu'à un ignorant de
ne paroître pas étranger avec un sçavant. Celui-ci doit avoir de la science

pour

pour tout le monde, mais il faut qu'il la diſtribue de façon que chacun puiſſe s'approprier ce qui lui en reviendra, & qu'on puiſſe la débiter comme à ſoi ; car un ſçavant eſt bientôt le fléau de la ſociété, s'il veut toujours y préſider, impoſer ſilence, & qu'on ait pour lui le reſpect qu'on a pour un oracle.

Catherine, en femme d'eſprit & éclairée, ne croyoit pas avoir de quoi s'enorgueillir. Elle faiſoit réflexion qu'il lui manquoit encore bien des connoiſſances. Elle ſe ſervoit de ſes défauts pour s'humilier & ſervir de contrepoids à l'amour-propre qu'elle devoit raiſonnablement avoir pour elle - même : mais les perſonnes les plus mécontentes d'elles-mêmes, ſont les plus ſpirituelles, les plus éclairées, les plus ſçavantes. Un ſot, une petite maîtreſſe croyent tout ſçavoir, ou que tout ce qu'elles ignorent eſt inutile. Catherine ſe ſervoit de ſon eſprit, de ſes lumiéres pour ſe procurer ſon bonheur ; c'eft - là le vrai but qu'on doit avoir , & enfuite pour le faire partager aux autres. Il ne faut pas être étonné fi avec de la noblefle , un heureux natu-rel, beaucoup d'efprit, de politefle, de modeftie, de douceur & de la beauté, elle fut recherchée avec empreffement par nombre de Seigneurs, dans un fié-cle fi galant , & fûrement où l'on con-noifloit mieux le prix de tous ces précieux dons que dans le nôtre, où l'on ne s'at-tache qu'à l'écorce.

Jean d'Annebaut, fils de l'Amiral de ce nom , le plus honnête homme de fon fiécle, dit M. de Thou , fut celui qui eut la préférence. Ce ne lui fut pas dif-ficile ; car on remarque qu'il avoit lui feul toutes les vertus qui ne fe trouvent qu'avec bien des recherches dans plu-fieurs. Auffi lorfqu'on lui vit faire ce choix , perfonne ne s'en plaignit ; car chacun jugea qu'elle n'eût pu trouver ailleurs ce qu'elle avoit. Les plus jaloux de posséder cette illustre femme, y applaudirent. Le bonheur de nos deux époux fut tel qu'il ne peut l'exprimer, & que pour en avoir une juste idée, il faut en avoir goûté. Mais qu'il fut de courte durée! Catherine sembla ne l'avoir connu que pour en mieux sentir toute la perte. Les guerres civiles désoloient la France, d'Annebaut fut une des premieres victimes immolées à la fureur de ce monstre. Ce brave guerrier fut tué à la bataille de Dreux, & laissa Catherine veuve à l'âge au plus de vingt ans. Il est inutile de faire remarquer qu'elle fut sa douleur à cette triste nouvelle; on se doute aisément que son rare mérite la fit bientôt rechercher de nouveau, mais il en falloit beaucoup pour remplacer celui qu'elle perdoit: on laissa au temps à essuyer ses larmes, & à appaiser sa douleur. Ensuite se mit sur les rangs un homme qui, ayant la faveur du Roi, par-là crut avoir des prétentions fondées

M ij

pour obtenir la main de notre jeune veuve : en effet elle y fut senſible , & ſe rendit de bonne grace. Cet heureux mortel étoit Albert , de l'illuſtre Maiſon des Gondis de Florence. Il étoit favori de Charles IX. Il avoit ſuivi en France la fortune de Catherine de Médicis , & pouſſa la ſienne juſqu'au plus haut point. Maître - d'Hôtel du Roi ſous Henri II. il fut Gentilhomme de la Chambre , Maréchal de France ſous Charles IX, Duc & Pair, & Général des Galeres ſous Henri III. Il conſerva ſon crédit ſous Henri IV. Il eſt preſque le ſeul qui ait ſçu cheviller la roue de la fortune : quoi-qu'étranger , le changement de regne ne ſervit qu'à accroître ſa fortune , ce qui eſt ſans exemple ; car preſque tous les favoris ont tombé avec leur protecteur , ou du moins ont rentré dans l'obſcurité. Le Comte de Retz n'avoit cependant aucune de ces qualités brillantes qui éblouiſſent , mais il avoit celles qu'il faut

pour s'infinuer dans les bonnes graces
d'un Prince , & pour s'y maintenir. La
faveur ne lui fit jamais méconnoître fes
bienfaiteurs , ni fes égaux , ni fes fupé-
rieurs. Si un petit homme eft méprifable , il fçavoit qu'un petit ennemi eft à
craindre. Les confeils de fa femme con-
tribuerent beaucoup à le maintenir en
faveur. Comme elle fçavoit que l'abfence eft le tombeau de l'amitié comme
de l'amour , c'étoit elle qui l'entretenoit
pendant fes ambaffades en Angleterre ,
en Allemagne & en Pologne : & fi par
la gentilleffe, la fineffe de fon efprit, il
s'infinuoit dans les bonnes graces de
ceux avec qui il traitoit, de fon côté elle tâchoit à empêcher qu'un autre ne le
fupplantât : elle faifoit enforte qu'on ne
s'apperçût point de fon abfence. Perfonne n'étoit mieux en état d'y fuppléer
qu'elle. D'ailleurs elle fçavoit fe rendre
néceffaire, elle faifoit voir que les fciences & les affaires ne font point fi incom-

M iij

patibles qu'on se l'imagine , & qu'un esprit accoutumé aux hautes spéculations saisit plus sûrement, plus facilement dès qu'il est instruit des faits , & qu'on lui a fourni les matieres , le fin des calculs & des combinaisons politiques. Elle les manioit avec une prudence & une dextérité merveilleuse. Ce qui coûtoit aux autres beaucoup de réflexions , sembloit couler de sources chez elle. La connoissance qu'elle avoit des Langues , faisoit que le Prince avoit souvent recours à elle pour les affaires étrangeres. ; & lorsque les Ambassadeurs de Pologne arriverent à la Cour pour demander le Duc d'Anjou pour Roi , il ne se trouva , pour ainsi dire , que la Comtesse qui pût être leur interprète. Elle s'énonçoit avec tant de grace & de netteté , que l'Archevêque de Gnesne , Chef d'ambassade , convint que la plus grande merveille qu'il eût vue en France étoit notre sçavante , & qu'elle méritoit qu'on vînt des extrémités de l'Europe pour l'entendre ; il fut d'autant plus faifi d'admiration, qu'il s'apperçut que la Nobleffe Françoife ne l'entendoit point, lorfqu'il parloit Latin, & ceux qui comprenoient le fens de fes difcours, pour la plûpart ne pouvoient lui répondre en cette Langue ; car autre chofe eft de l'entendre & de la parler : il faut convenir qu'il faut pour cela qu'elle foit bien familiere, ou en avoir fait beaucoup d'ufage. La réputation de Catherine fe fit connoître ainfi jufqu'en Pologne, & lorfqu'on y vit fon mari, on le regardoit avec une efpéce d'admiration, parce que pour poffeder une femme fi rare, on lui fuppofoit un grand mérite ; quoique l'expérience ne faffe que trop voir que le choix d'une femme fpirituelle, jolie, aimable, ne prouve rien, ou prefque rien, en faveur de celui fur qui ce choix tombe.

Si la Maréchale avoit beaucoup de talens pour le gouvernement d'un Etat,

elle avoit la fermeté, le courage néceffaire pour foutenir ce qu'elle entrepre-
noit. Pendant les guerres civiles, le Marquis de Belleifle fon fils, ayant profité de
l'abfence de fon pere qui étoit en Italie, pour entrer dans la Ligue, & fe déclarer contre le Roi, la Marquife l'empêcha de tirer aucun profit de fa défertion; prévoyant que les Ligueurs, ou les
Proteftans, ou les Royaliftes alloient fe
faifir de fes Terres: pour les empêcher,
elle affembla des foldats, fe mit à leur
tête, fit fi bonne garde, & montra tant
de courage que perfonne n'ofa rien entreprendre contr'elle : elle fçut maintenir fes vaffaux en paix & dans la fidélité
qu'ils devoient au Roi. De quoi Henri IV. lui fçut fort bon gré, moins pour
la chofe que pour fon zéle. Cette action
de courage plut fort à un Roi guerrier.
Ce n'eft fûrement point là la feule action
de cette nature; mais malheureufement
le mérite de pareilles héroïnes refte dans.

l'obscurité. Il frappe ceux qui en sont témoins, mais le souvenir s'efface avec eux. Pour entrer dans le détail des actions d'une femme aussi illustre, il faudroit pénétrer dans le particulier. Mais les Ecrivains de l'Histoire générale méprisent ou ne font que très - peu de cas de la vie particuliere, elle ne mérite point leur attention. C'est pourtant ce particulier, dit une autre Femme Illus- *Madame de Motteville.* tre, dans lequel on ne s'étudie point, qui trahit le secret de nos inclinations, & marquant notre caractere, fait connoître si nous sommes dignes de blâme ou d'estime.

Le second mariage de la Duchesse fut des plus heureux ; elle fut constamment aimée, chérie, respectée de son mari, & vit sur sa tête tout ce qui flatte l'ambition, la vanité, l'amour-propre. Conseiller d'Etat, Gentilhomme de la Chamre, Maréchal de France, Ambassadeur dans les premieres Cours de l'Europe, Gouverneur de Provence, le plus beau Gouvernement de France, & de Nantes, Général des Galeres, Chevalier des Ordres du Roi, Duc & Pair, comblé de biens, de richeſſes : elle ne pouvoit rien déſirer de plus, qu'une nombreuſe poſtérité : elle l'avoit ; & voyoit au tour d'elle dix enfans. Charles, Marquis de Belleiſle, qui épouſa l'illuſtre Antoinette d'Orléans, qui, pénétrée de chagrin de ne pouvoir venger la mort de ſon mari, tué en 1596 par un Breton, ſe fit Feuillantine. Elle avoit fait, dit l'Etoile, l'admiration de toute la Cour par ſa beauté & ſon eſprit : dans ſon Couvent elle fut un exemple de vertu & de pénitence. Elle laiſſa un fils. Le ſecond fils de la Ducheſſe de Retz fut Henri de Gondi, Cardinal-Evêque de Paris. Le troiſiéme, Jean-François de Gondi, premier Archevêque de Paris ; & Philippe, Comte de

Joigni. De six filles, quatre furent bien établies. Les deux autres se firent volontairement Religieuses à Poissi ; elles sont toutes recommandables par leur vertu. Catherine n'avoit rien négligé pour la leur inspirer. Comblée de biens, d'honneur & de richesses, il fallut tout quitter pour participer à une récompense plus stable ; pour la mériter elle fit bâtir avec son mari l'Eglise de Noisi, & y fonda un beau Monastere pour des Cordeliers. Ce furent eux aussi qui firent élever le superbe château de Noisi , près Mantes. Dieu la prépara au sacrifice 1602. qu'elle devoit faire en lui enlevant son mari. Elle mourut quelques mois après lui , à Paris, au mois de Février 1603, âgée de soixante ans. Son corps fut porté chez les Filles de l'*Ave Maria*, pour être inhumé auprès de celui de Madame Dampierre sa mere, Dame d'Atour de la Reine Elisabeth d'Autriche, femme de Charles IX , & Dame d'Honneur de Louife de Vaudemont , époufe de Henri III. Le tombeau de notre Sçavante s'y voit dans une Chapelle.

Fin du premier Volume.

APPROBATION.

J'Ai lû par ordre de Monseigneur le Chancelier, un manuscrit qui a pour titre : *Vie des Femmes Illustres de France*, & je n'y ai rien trouvé qui m'ait paru devoir en empêcher l'impression. A Paris le quatre Août 1761. *Signé*, LEBRET.

PRIVILÉGE DU ROI.

LOUIS, par la grace de Dieu, Roi de France & de Navarre : A nos amés & féaux Conseillers les Gens tenans nos Cours de Parlement, Maîtres des Requêtes Ordinaires de notre Hôtel, Grand-Conseil, Prevôt de Paris, Baillifs, Sénéchaux, leurs Lieutenans Civils, & autres nos Justiciers, qu'il appartiendra, SALUT. Notre bien amé le Sr. DE MAUBUY, Nous a fait exposer qu'il désireroit faire imprimer & donner au Public un Ouvrage qui a pour titre : *Vie des Femmes Illustres de France*, s'il nous plaisoit lui accorder nos Lettres de Permission pour ce nécessaires : A CES CAUSES voulant favorablement traiter l'Exposant, Nous lui avons permis & permettons par ces Présentes, de faire imprimer ledit Ouvrage autant de fois que bon lui semblera, & de le faire vendre & débiter par-tout notre Royaume pendant le temps de trois années consécutives, à compter du jour de la date des Préſentes : Faiſons défenſes à tous Imprimeurs, Libraires & autres perſonnes, de quelque qualité & condition qu'elles ſoient, d'en introduire d'impreſſion étrangere dans aucun lieu de notre obéiſſance. A la charge que ces Préſentes feront enregiſtrées tout au long ſur le Regiſtre de la Communauté des Imprimeurs & Libraires de Paris, dans trois mois de la date d'icelles ; que l'impreſſion dudit Ouvrage ſera faite dans notre Royaume & non ailleurs, en bon papier & beaux caractères, conformément à la feuille imprimée attachée pour modele ſous le contreſcel des Préſentes, que l'Impétrant ſe conformera en tout aux Réglemens de la Librairie, & notamment à celui du 10 Avril 1725 ; Qu'avant de l'expoſer en vente, le Manuſcrit qui aura ſervi de copie à l'impreſſion dudit Ouvrage, ſera remis dans le même état où l'Approbation y aura été donnée ès mains de notre très-cher & féal Chevalier, Chancelier de France, le Sieur Delamoignon, & qu'il en ſera enſuite remis deux Exemplaires dans notre Bibliothéque publique, un dans celle de notre Château du Louvre, & un dans celle de notredit très-cher & féal Chevalier, Chancelier de France le Sieur Delamoignon ; le tout à peine de nullité des Préſentes ; Du contenu deſquelles vous mandons & enjoignons de faire jouir ledit Expoſant & ſes ayans cauſe, pleinement & paiſiblement, ſans ſouffrir qu'il leur ſoit fait aucun trouble ou empêchement ; Voulons qu'à la copie des Préſentes, qui ſera imprimée tout au long au commencement ou à la fin dudit Ouvrage, foi soit ajoutée comme à l'Original : Commandons au premier notre Huissier ou Sergent sur ce requis, de faire pour l'exécution d'icelles tous actes requis & néces-saires, sans demander autre permission, & no-nobstant clameur de Haro, Charte Normande & Lettres à ce contraire : Car tel est notre plaisir. D O N N E' à Marly , le vingt-neuvieme jour du mois de Mai , l'an de grace mil sept cent soixante-un, & de notre Regne le quarante-sixiéme.

Par le Roi en son Conseil. *Signé* , LEBEGUE.

Régistré sur le Régistre XV. de la Chambre Royale & Syndicale des Libraires & Impri-meurs de Paris, N°. 307. fol. 181. conformé-ment au Reglement de 1723 , qui fait défenses art. 41 , à toutes personnes de quelles qualités & conditions qu'elles soient , de vendre , débiter , faire afficher aucuns livres pour les vendre en leurs noms , soit qu'ils s'en disent les Auteurs ou autre-ment , & à la charge de fournir à la susdite Chambre neuf exemplaires prescrits par l'article 108. du même Réglement. A Paris ce 12 Juin 1761.

Signé , G. SAUGRAIN, *Syndic.*

TABLE

De ce qui est contenue dans le premier Volume.

Fin de la Table du premier Volume.

8°
26,90
II